或许明天会有
比DeepSeek更先进的工具出现
但热爱法律且拼命进取的你
无可替代。

徐宇欣
米帅

法律人DeepSeek多场景使用指南

徐宁欣　朱帅　著

DEEP
SEEK

法律出版社 LAW PRESS · CHINA
北京

图书在版编目（CIP）数据

法律人 DeepSeek 多场景使用指南 / 徐宁欣，朱帅著.
北京：法律出版社，2025（2025.6 重印）.
ISBN 978－7－5244－0086－8

Ⅰ. D9－39

中国国家版本馆 CIP 数据核字第 2025CR7778 号

法律人 DeepSeek 多场景使用指南 **FALÜREN DeepSeek DUO CHANGJING SHIYONG ZHINAN**	徐宁欣　朱　帅　著	策划编辑 邢艳萍 责任编辑 石蒙蒙 装帧设计 苏　慰

出版发行 法律出版社
编辑统筹 法律应用出版分社
责任校对 朱海波
责任印制 刘晓伟
经　　销 新华书店

开本 A5
印张 6.625　**字数** 200 千
版本 2025 年 4 月第 1 版
印次 2025 年 6 月第 4 次印刷
印刷 北京中科印刷有限公司

地址：北京市丰台区莲花池西里 7 号(100073)
网址：www.lawpress.com.cn
投稿邮箱：info@lawpress.com.cn
举报盗版邮箱：jbwq@lawpress.com.cn
销售电话：010－83938349
客服电话：010－83938350
咨询电话：010－63939796

书号：ISBN 978－7－5244－0086－8
定价：48.00 元
凡购买本社图书，如有印装错误，我社负责退换。电话：010－83938349

当法律人遇上人工智能，我们以怎样的姿态拥抱这场变革？
——代前言

这是一本“拥抱热点”的书。

2025年春节，DeepSeek引爆各方关注。各行各业都在思考，人工智能工具对自己职业未来和“饭碗”的影响。作为一名专职律师和“兼职”互联网人，多年互联网相关的工作经历，培养了我对互联网和新技术独特的敏感性。DeepSeek-R1甫一上线，就引发了我极大的关注和兴趣。在律师工作中多场景使用之下，我逐渐发现这是一个很了不起的智能工具，特别是对法律职业来说，它不同于以往的国产AI产品，在逻辑分析上可谓一枝独秀。基于最新的使用体验，我在个人微信公众号第一时间撰写多篇文章分享了自己的使用场景和体会。为帮助更多法律职业同行尽快了解、熟悉和运用DeepSeek——这个对未来影响巨大且非常实用的工具，我和同样对DeepSeek感兴趣的朱帅律师合著了这本《法律人DeepSeek多场景应用指南》。

这是一本“注重实战”的书。

本书从法律人最常见的工作场景入手，摒弃脱离实际的照本宣科，采用“实用场景的方式”分享使用方法，构建法律类AI提问的基本逻辑。在内容上，笔者结合自己的办案经历和DeepSeek使用体验，从法律人最常见的“案例检索”场景开始，逐一分享使用方法指南。使用的场景涵盖了合同业务、诉讼业务、助理工作、客户交流等几个大的场景，之下又细分为每个具体的小场景，如在助理工作这部分，会细化到如何利用 DeepSeek 工具进行诉讼可视化，撰写自媒体营销方案等。这些场景和使用方法，都经过笔者反复使用 DeepSeek 工具进行亲测，紧贴律师工作需要的提问逻辑，采用结构化拆分的提问方式，拓展更多提问关键词。可以说，我们在全力打造一本“专属于法律人的 DeepSeek 使用手册”。

这是一本“未完待续”的书。

从古埃及到罗马帝国，从中世纪到近现代，法律职业伴随人类文明走过了千年历史。从观星占卜到羊皮卷宗，从刀刻笔书到计算机检索，法律职业的工具也在不断更新迭代。现在，以 DeepSeek 为代表的人工智能工具来了，它对法律职业的影响，可能不亚于现代计算机检索系统对传统浩繁卷帙的冲击。

新技术的发展日新月异，我们正在见证人类技术的一次又一次出乎意料的新突破。有人满怀欣喜，因为发现了新的工具，提高了工作效率；有人忧心忡忡，担心自己的职业未来会被人工智能取代。人类历史的经验已经证明，人工智能无论发展到何种程度，都是人类智慧的延伸，最终目的是服务于我们更好地工作和生活。我们所能做的，是以积极的姿态拥抱一次又一次技术变革，充分熟悉和运用“DeepSeek”们，让自己有更多时间和精力来处理那些更重要的事务。本书的内容也仅是针对 DeepSeek 当前的版本而言，随着技术更新，同样的信息和使用方法，得出的结论也会更加精准智能。所以，这是一本在方法上可供反复借鉴参考，在结果上“未完待续”的书。本书由我和朱帅律师合作完成。本书的第一、二、三、五章由朱帅律师撰写，第四、六、七章由我撰写。

由于时间和水平所限，本书难免有所疏漏，敬请批评指正，也欢迎各位读者关注微信公众号“律苗大棚”与我交流探讨，个人邮箱：306784009@qq.com。

徐宁欣

2025 年初春于北京通州寓所

前　言

1. DeepSeek出现对法律行业的影响

2025年初，DeepSeek横空出世，给海内海外均造成深远影响。关于DeepSeek的新闻和使用教学刷爆各大平台，屡次冲上热搜榜首。着眼于法律圈，DeepSeek的出现也掀起一场法律界的科技革命。从合伙人到律师助理、从业界大咖到法学生似乎都主动或被动地开始了解并使用DeepSeek。主动拥抱科技变革的律师，开始思考DeepSeek可以应用的法律业务场景。例如，部分律师开始尝试使用DeepSeek进行合同审查；面对客户提问的疑难问题，部分律师选择第一时间向DeepSeek提问；在处理企业的合规问题时，法务开始尝试用DeepSeek生成一份合规建设方案；法学生们面对课业中出现的难题开始向DeepSeek求教。法律圈的朋友们发现似乎DeepSeek真的可以做一些事？

笔者在2025年1月以及2月初在部分自媒体平台发布的DeepSeek使用方法及《律师DeepSeek全覆盖使用指南》合计浏览量达到了15万，而笔者在偌大法律圈中并非流量大V，可见法律行业对DeepSeek的关注。而业内最主流的担忧在于——DeepSeek是不是真的会取代法律工作？

随着深度使用 DeepSeek，大家就会发现，DeepSeek 并非全知全能也并非能准确地解决所有问题。希望 DeepSeek 完全代替自己解决手头工作是不太现实的。使用 DeepSeek 时，我们的焦虑也会逐渐减少，更多地发现人工智能（Artificial Intelligence，AI）是工具，而工具永远都需要会使用工具的人。

"DeepSeek 将替代法律行业"的焦虑有所缓解后，笔者开始思考：到底 DeepSeek 的出现给法律行业带来了什么？DeepSeek 一出现，笔者就开始在律师工作的过程中深入地使用，融合到案件办理的具体过程中。总结 DeepSeek 的影响主要体现在：

缩小法律人之间的经验差距。笔者认为这是 DeepSeek 出现最明显也是对青年法律人最有益的特点。DeepSeek 可以对全网同行业人士发布的文章、观点进行总结学习，在法律人工作过程中发现自身完全没接触过的工作时，不再胡子眉毛一把抓。简单的编辑问题给 DeepSeek，DeepSeek 就可以总结提炼出一套分析资料。让即便没有接触过类案的法律人也可以在十分钟内了解大概。这样的效率远远地大于用实践来积累经验。同时让没有机会进行实践的法律人在摸石头过河之前有了自主学习的机会。

节省事务性工作的时间。相信有不少法律人有很多简单却躲不掉的日常工作，这些工作占用了大部分的时间。如写会议记录、制表、作图、处理批量案件等。而这类程序性、技术含量低的工作交给 DeepSeek 进行前期准备，我们的工作效率将会大幅提升。换言之，传统律师助理所做的工作，有绝大一部分可以由 AI 替代。比如资深律师想要针对手中案件整理一份法律关系图，但自己时间很少。往常可能会交给助理处理该工作。现在资深律师可以把需求和案件情况交给 DeepSeek，DeepSeek 会根据需求在几分钟内即生成一份法律关系图。资深律师只要在此基础上稍加修改即可。

因此 DeepSeek 的出现对于青年法律人是利好的，青年法律人熟练使用后，可以弥补与前辈之间的经验鸿沟，并且提高日常的工作效率。

因为 DeepSeek 生成的答案并不当然准确，特别是对于法律服务这种高精度要求的行业而言。大部分的律所、企业并不会因为 DeepSeek 的出现即取缔某一岗位。但同样大部分的律所、企业也会意识到 DeepSeek 对于行业的影响，会逐步将 AI 融入日常工作作为基本要求。

然而，DeepSeek 的赋能效应并非没有代价。当我们将数千字的合同交给 DeepSeek 审查时，它可能在几秒内标出数十处风险点，却也可能遗漏关键条款的隐藏陷阱；它能瞬间生成逻辑严密的诉讼策略，却无法理解当事人眼神中闪烁的犹疑。这种技术边界警示我们："法律服务的本质不仅是信息的加工，更是对人性的洞察与价值的权衡。"

新技术的迸发，不是传统法律业的终点，而是法律行业更加专业化的起点。现在，我们更加有机会，可以看到法律人的专业和感受法律人的温度。

2. 本书的使用方法

本书内容设置极其简单，无论读者在法律行业中扮演什么样的角色，均可以快速地上手，并找到可以应用到自己工作中的一部分。本书内容主要由 DeepSeek 使用教学 + 应用场景 + 指令模板三部分组成。

读者在掌握 DeepSeek 的基本使用方法后，可以通过该书中假设的场景了解到 DeepSeek 如何应用到具体工作中。

同样地，在读者面临具体的法律问题时，也可以在本书中翻找载有具体需求内容的模块，学习模块中具体的指令。针对具体的法律问题再稍作加工，即可形成提问指令，并参考 DeepSeek 的答案来处理面临的问题。

朱　帅

2025 年 2 月

目 录

第三章
DeepSeek 合同业务

第四章
DeepSeek 诉讼业务

第五章
DeepSeek 助理工作

第一章 认识 DeepSeek

1.1 AI 模型的思考逻辑

工欲善其事，必先利其器。熟练使用工具的前提在于了解工具的运行逻辑、使用方法。不掌握 AI 本身的逻辑、原理，那么在使用过程中反而会浪费很多的时间，有时候方向性、结论性的错误反而影响法律人对案件整体的操盘。

那智能体的基本逻辑是什么呢？智能体的工作逻辑可简单概括为“输入理解—逻辑推理—输出优化”这三个步骤。

AI 具有大数据搜索、分析和识别的能力。全网的案例库、法律库、文章库会让 AI 的大脑储备着大量的数据。当用户提问时（“帮我分析竞业限制条款的常见法律风险”），DeepSeek 会通过自然语言处理技术拆解问题中的关键词（“竞业限制”“法律风险”）、识别法律领域属性，并自动关联相关法条库（如《劳动合同法》）、案例库和相关学术文献，对于文献中与用户提问问题关联度高的项目进行总结凝练。

但是不同于人类，AI 不像人类一样可以理解“话外音”“当然事”。我们在给 AI 发送指令时要尽可能的明确请求，就像给法院提供的文书一样，精准用语，避免使用太多口头语。

智能体具有记忆功能，在不断地对话中，会对用户的需求进行更清晰地理解，所以当一个答案不符合期待时，可以进一步提问，不断增加限制条件进行优化。就像法律人为当事人提供法律咨询服务一样，要不断地了解案件细节才能给出更加准确清晰的答案。

智能体目前只能当作助手进行使用，无法直接生成拿出即用的东西。并且基于法律工作的特殊性，我们不能草率对待当事人的信任，如果我们对 AI 生成的成果不加以调整直接提供给客户，这不仅与职业道德要求相悖，同时也会导致我们解决问题的能力逐渐降低。因此我更愿意称呼 DeepSeek 为“法律工作加速器”，可以极大限度地节省前期基础工作的时间。既然作为“工具”，那么我们在使用时就要始终保持以自身为中心，用智能体赋能，这样的效果更好。

1.2 如何开始

1. 访问官网：在浏览器输入 DeepSeek 官网或下载「DeepSeek」App 在手机端使用。图 1-1 为 DeepSeek 的官网主页。

图 1-1 DeepSeek 的官网主页

2. 账号注册：部分读者朋友的设备若设置了垃圾短信的拦截过

滤，如无法收到短信可以在垃圾邮件、垃圾短信中查找。

3. 在准备使用前应打开「深度思考」「联网搜索」功能，使得智能体产生的回复更靠谱。

4. 完成准备工作后，在对话框编辑指令（问题、想说的话）然后发送对话即可，如图 1–2 所示。

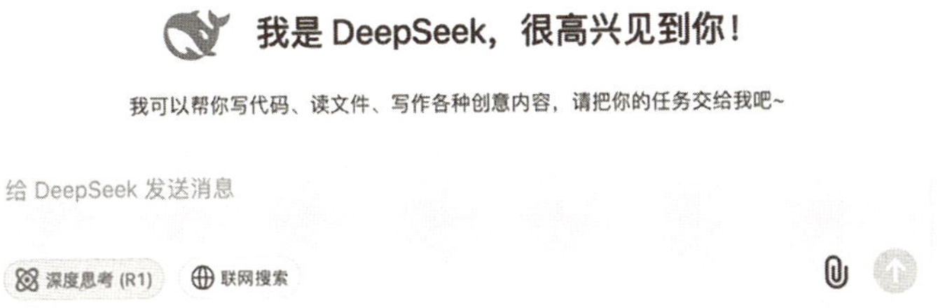

图 1–2　DeepSeek 对话页

5. 如果 DeepSeek 使用卡顿可使用其他的外接入口。在使用其他的外接入口时，需勾选 DeepSeek R1 模型。

1.3　了解工作台

1. 网页或 App 端界面左侧存在对话列表（如图 1–3 所示），该列表中展示了过去与智能体的若干对话。

图 1–3　打开 DeepSeek 边栏

智能体本身具有记忆属性，在同一对话中智能体会对上下文内容进行记忆、学习。因此对于不同的事由，建议分不同的对话进行交流。

同样地，若智能体扮演着不同的角色，也建议以不同的对话进行交流。

2. 在对话框附近有「回形针」标志图案，点击该图案可以上传附件，智能体可对该文件内容进行学习。建议上传 txt 格式文件，不建议上传 pdf 类型文件，该类型文件部分内容智能体无法识别。

1.4 本地化部署

因为案件本身涉及保密性质，很多朋友在使用时不希望案件信息上传网络，同时又希望 AI 基于具体的案件细节进行分析，这种情况下大家可以在自己的电脑上进行 DeepSeek 的本地化部署。

具体操作方式：

第一步　打开 Ollama 官网（如图 1–4 所示），网址：https://Ollama.com/。

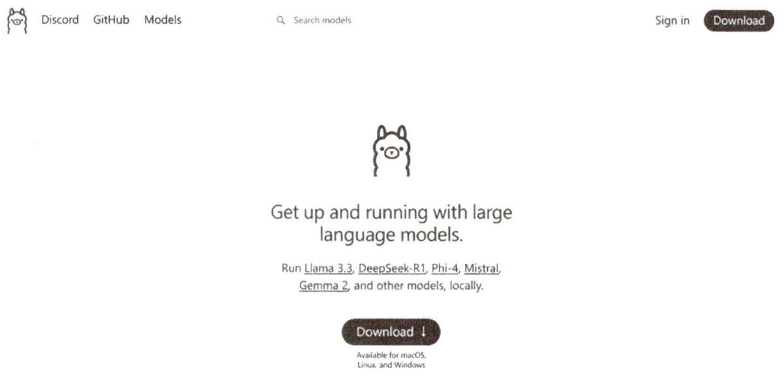

图 1–4　Ollama 官网主页

第二步　下载 Ollama APP（如图 1–5），在官网中点击 download，选择对应电脑系统的版本，进行下载。

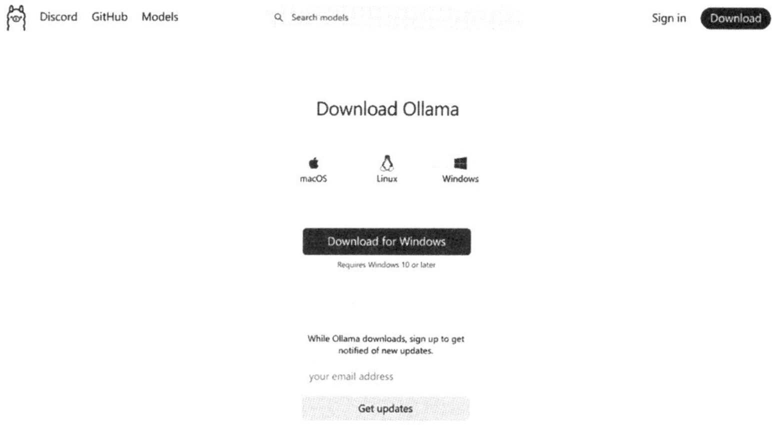

图 1–5　Ollama 下载页

第三步　在 Ollama 官网中搜索框搜索想要使用的 DeepSeek 模型（如图 1–6 所示），如“DeepSeek–r1”。

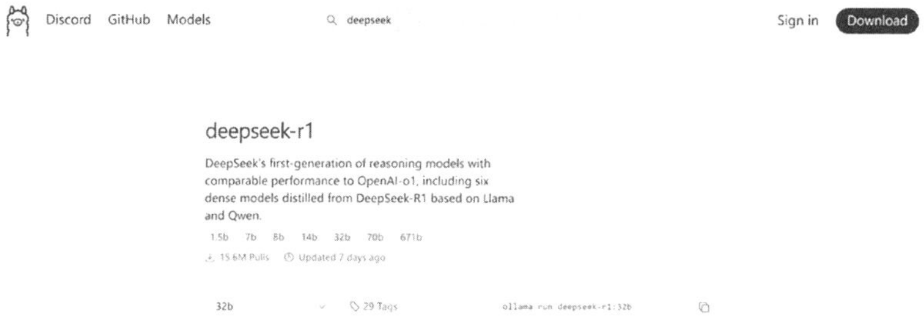

图 1–6　在 Ollama 官网选择 DeepSeek–r1 模型

第四步　根据电脑配置选择不同大小的模型，复制代码（如图 1–7 所示）。

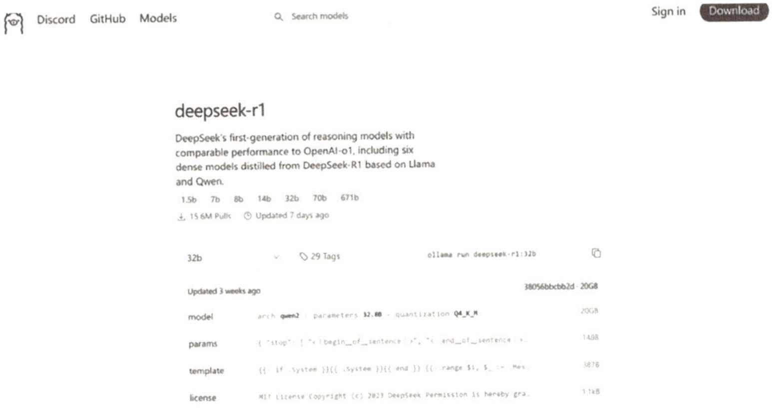

图 1-7 DeepSeek-r1 模型

第五步 打开电脑终端，输入复制的代码，等待部署完毕，即可使用（如图 1-8 所示）。

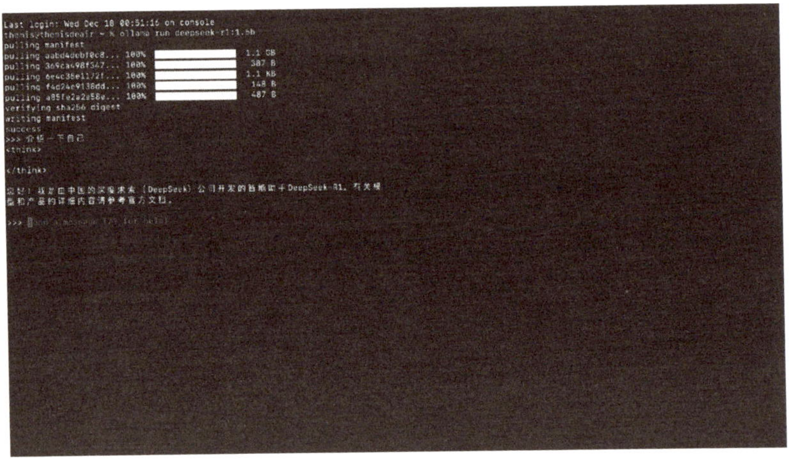

图 1-8 在电脑终端运行

1.5 AI 助理的作用

截至目前，DeepSeek 尚不能完全覆盖律师或法务工作。为了保障工作本身的严谨性，在使用过程中也避免直接使用 AI 生成的结果，特别是在案例检索、法律检索的过程中，要注意识别 AI 是否有错误生成的情形。

因此，在使用过程中应将 DeepSeek 视为 AI 助理，主要实施的均为基础性、前期性工作。根据笔者的深度使用，目前 DeepSeek 可扮演的角色颇多。

（1）法规联想帮手

提供给 AI 具体的情形，并且详细阐明细节及需求，AI 可对其中可能涉及的法律规范进行联想。针对一些日常生活中不常涉及的法律关系为用户提供初步的分析思路，让客户可以更好地开展工作。

（2）新法速学老师

在新的法律规范出台之后，用户需要在短时间内快速学习，并且希望尽可能快地掌握更新的要点，在这种情况下，可以向 AI 提供新法和旧法，AI 可就新法相对于旧法的变更事项进行标注并总结主要的变更要点、思路等。

（3）合同审查助理

审读合同可以说是律师、法务日常工作中不可避免的重要组成部分，但是很多合同的条款颇多，深度审查至少需要审阅 3 ~ 4 遍，时间耗费巨大。AI 可以在人力审查之前，进行初步的审查并根据要求标注重点条款、法律意见等。

（4）文书代书秘书

在日常业务中，律师还需要根据客户的要求撰写若干法律文书。若在案件办理阶段，诉讼律师在与法院接触的过程中可能还要准备一个又一个的诉讼文书，这着实让人很头疼。此时，AI 助理便可以承担流程化文书代书的任务。在提供给 AI 需要的文书文本格式、范例后，AI 可根据用户需求对行文逻辑、格式进行学习，从而帮助用户进行初步的代书。用户在 AI 给出的回复的基础上再进行调整便可以产生事半功倍的效果。

（5）出谋划策小搭档

DeepSeek 的亮点之一在于可以进行联网搜索，这意味着它可以对于网络上的文章内容进行深度学习。在为一些案件的诉讼策略纠结时、在不知道如何处理客户关系时、在不知道如何进行推广营销时，都可以将具体情景分享给 DeepSeek，它将总结网络上呈现的经验范例，给用户当下的问题提出见解。AI 呈现的某句话可能就会帮助用户脱离当下的困境。

DeepSeek 可以扮演的角色不止上述提到的这几种，下文将对具体的使用方法进行介绍，并且还会提供具体的指令，帮助读者快速上手 DeepSeek。

第二章
法律检索与案例分析

2.1 案件涉及法律规范列举

当我们承接某一具体案件时，并不当然地对案件所涉及的法律完全了解，伴随法律条文的经常更新，在处理具体法律问题之前法条检索必不可少。

在以往的律师或法务工作中，我们对于法律条文的掌握往往需要实践经验的积累，在不断的实践累加后逐渐提升业务能力，成为像国产律政剧中的“法条机器人”一样的法律精英。

在人工智能时代，当我们遇到一个棘手的法律问题时，第一反应不仅可以向资深律师提问，还可以优先向 AI 提问。

◆ 使用场景

客户询问了关于土地出让方面的法律问题，你基于法律基础和其他民事、行政案件的处理经验，只能简单回复，无法深层次实际地解决客户的问题。由于专攻领域的不同，你对该问题中涉及的很多法律规范不了解，并且不知道土地相关的法条都规定在哪些法律规范之中。

◆ 提问 AI 的指令

【作为专业律师你需要基于案件情况、法律问题总结该案件可能涉及的法律规范，列明法律规范名称并标明所涉法条编号。

• **当事人情况：**｛我方和对方当事人的信息情况，例如：我方当事人：张三，××省××县农民，长期外出打工。对方当事人：李四，××省××县农民，在张三外出打工后承包了张三的土地，耕种至今。｝

• **争议地域：**｛为检索是否存在地方性法规，故建议标明案涉争议发生地。｝

• **案件情况：**｛对于案件的事实情况进行说明｝

• **法律问题：**｛写明当事人需要解决的法律问题以及目前我们纠结或不了解的法律问题｝】

2.2 具体法条理解及司法适用情况分析

在实务中，律师与法务常因法条表述模糊、司法解释不明确或学界观存在点分歧而陷入法律适用困境。例如，《民法典》第580条“合同僵局解除”的适用边界、第1165条过错责任中“过错”的认定标准等争议性条款，往往导致法律适用结果的不确定性。传统解决方式依赖人工检索案例和相关文献，效率低下且难以覆盖全貌。本章将指导如何通过AI工具快速梳理法条的核心含义、司法实践倾向及争议焦点，实现“法律认知降本增效”。

◆ 使用场景

场景1：建设工程合同纠纷中的“背靠背条款”效力争议

某开发商援引《建设工程施工合同司法解释（一）》主张“背靠背条款”有效，但对方律师提出该条款违反公平原则。此时需快速梳理：（1）最高人民法院典型案例的立场；（2）各地高级人民法院对“背靠背条款”效力的裁判倾向；（3）学术文献中支持/反对该条款的主要论点及占比。

场景 2：数据合规场景下的“知情同意”认定

企业法务需确认《个人信息保护法》第 13 条的“同意”是否包含默示同意，而相关判例中存在不同解释（如用户勾选协议、持续使用行为可推定为同意）。需通过 AI 提炼：（1）司法实践中“有效同意”的构成要件；（2）争议观点的典型案例分布及比例。

◆ 提问 AI 的指令

【作为专业律师，你需要基于以下信息，分析目标法条的核心内涵、司法适用规则及争议观点，呈现主流与次要观点的占比。

• 目标法条：{注明法律名称及具体条款，例如，《民法典》第 580 条}

• 争议焦点：{简要描述理解分歧点，例如，“违约方解除权”的适用是否需以守约方存在过错为前提？}

• 地域范围：{如需分析地域差异，填写具体省市；若需全国性分析则标注“不限”}

• 检索范围：{限定检索资料类型，例如，在案例检索过程中最高人民法院指导性案例 + 各省高级人民法院典型案例 +CSSCI 期刊文献}

• 输出要求：

1. 法条要件拆解（按“文义解释”“体系解释”“目的解释”分层说明）；

2. 司法适用规则总结（附典型案例裁判要旨及地域分布）；

3. 争议观点归类（列明支持 / 反对理由及来源，标注占比）】

通过上述方法，律师可快速锚定法条解释的“最大公约数”，在客户沟通、庭审抗辩中精准预判法律适用风险，提升法律服务的决策精度与响应效率。

2.3 法律规范更新变化学习

法律规范的动态更新是法律从业者的核心痛点：

1. 高频迭代：随着经济的高速发展，法律规范随之高频迭代。《民法典合同编司法解释》、《公司法》（2023 修订）出台后，改变了很多从业者的传统认识，需要了解新的规定才能更好地解决法律问题，因此新法学习是法律从业者日复一日的必修课。

2. 隐性关联：单一法规修订可能触发多部配套规章的联动调整。

◆ 使用场景

《公司法》（2023 修订）出台后，某互联网企业法务需在 48 小时内完成以下任务：

- 识别新旧条文差异
- 定位关联规范
- 对于自身企业法律风险进行判断

◆ 提问 AI 的指令

核心逻辑：通过“三级定位法”构建精准指令——

1. 规范定位：明确目标法规及修订时间节点
2. 场景定位：限定实务场景（如合规审查 / 诉讼应对）
3. 输出定位：要求结构化对比与风险标注

【作为专业法律 AI，你需要基于以下信息完成法律规范更新分析：

1. 目标法规：
   - 法规名称：《公司法》（2023 修订）
   - 生效时间：2024 年 7 月 1 日
   - 对比版本：2018 年修订版

2. 关注领域：

– 公司经营事项备案程序

– 股东出资要求

– 关于开展互联网业务的特殊规定

3. 输出要求：

– 新旧条文对比表（含修订内容标红）

– 提炼 3 ~ 5 个核心变更要点（按合规影响度排序）

– 关联地方性法规清单

– 标注对互联网公司经营的具体影响】

DeepSeek 生成实例

以下是根据您的要求对《公司法》（2023 修订）的法律规范更新分析：

一、新旧条文对比表（部分核心条款）

条款主题	2018 年版内容	2023 修订版核心变化（标红）	依　据
注册资本认缴期限	未规定出资期限	全体股东认缴出资须自公司成立之日起 5 年内缴足	第 47 条
股东加速出资制度	仅在企业破产时加速到期	新增非破产情形下债权人可直接要求未届出资期限的股东提前缴纳出资（公司不能清偿债务时适用）	第 54 条
董事催缴义务	未明确董事责任	首次立法明确董事对未实缴出资股东的催缴义务及责任承担	第 51 条
公司登记程序	线下登记为主，未明确电子化效力	明确电子营业执照、企业信息公示系统的法律效力，简化变更 / 注销登记流程	第 34 条、第 40 条

续表

条款主题	2018年版内容	2023修订版核心变化（标红）	依据
股权转让出资责任	未明确转让后责任	股权转让后，受让人承担出资责任；出让人未实缴且受让人未按期缴纳的，承担补充责任	第88条

二、核心变更要点（按合规影响度排序）

股东出资五年限期与加速到期制度

1. 影响：所有公司须在成立后5年内完成实缴，未到期债权人可直接追索股东出资，显著增加股东资金压力。

2. 合规重点：需重新评估资本结构，调整出资计划。

董事催缴义务与责任强化

1. 影响：董事未履行催缴义务将承担赔偿责任，倒逼公司完善内部监控机制。

2. 合规重点：建立董事履职记录与风险预警系统。

登记程序电子化与信息公示

1. 影响：电子营业执照、线上决议等获法律认可，提升备案效率但增加信息透明度要求。

2. 合规重点：升级数字合规系统，确保信息公示及时准确。

股权转让后出资责任明确

1. 影响：转让未实缴股权的，受让人承担主要责任，出让人承担补充责任，降低资本虚化风险。

2. 合规重点：股权交易协议需明确出资责任条款。

关联交易与控股股东义务

1. 影响：新增关联关系界定，控股股东滥用权利损害公司利益的需赔偿。

2. 合规重点：完善关联交易审查程序。

三、关联地方性法规清单

1.《深圳经济特区商事登记若干规定》(优化注销登记程序)。

2.《浙江省数字经济促进条例》(涉及互联网业务合规衔接)。

注：地方性法规需根据新《公司法》在2024年7月前完成配套修订。

四、对互联网公司的具体影响

1. 资金压力：互联网初创公司普遍采用长期认缴制，五年实缴期限可能迫使提前融资或减资。

2. 治理透明化：线上业务需适配电子化登记与信息公示要求，增加合规成本。

3. 股权流动性风险：频繁股权融资的互联网公司需谨慎处理未实缴股权的转让责任。

4. 数据合规联动：虽无直接互联网业务条款，但公司治理与登记电子化要求需与《数据安全法》《个人信息保护法》衔接。

结论：2023年《公司法》修订通过强化出资责任、优化登记程序、完善治理结构，显著提升企业合规门槛。互联网公司需重点关注资本实缴期限、电子化备案及股权转让风险，并同步跟进地方性法规更新。

2.4 程序性法律规定了解与学习

在实务中，律师常遇到两类难题：一是案件类型罕见（如涉外仲裁、专利无效宣告），二是程序规则复杂（如公益诉讼立案、执行异议之诉）。这类案件往往涉及特殊程序时限、专属管辖规则或特定材料要求，稍有不慎便会导致程序瑕疵甚至败诉风险。传统解决方案依赖“老带新”经验传承或耗时检索，但 AI 技术可大幅缩短学习曲线。

◆ 为什么需要这个功能

1. 程序性知识碎片化：民事、行政、刑事等程序法存在交叉（如刑民交叉案件管辖权冲突），司法解释和地方性规定时常更新，人工记忆成本较高。

2. 应急响应需求：客户突然咨询“诉前保全如何紧急申请”“行政复议超期补救措施”等程序性问题时，往往因时间紧迫需快速输出准确操作步骤。

3. 地域差异陷阱：不同的地域可能对细节性的程序作出不同的规定。

◆ 使用场景

• 情景：客户王五系跨境电商平台卖家，因商品商标侵权被境外权利人在北京互联网法院提起民事诉讼，同时美国加州联邦法院发出禁令要求下架商品。王五咨询如何同步应对中美两地诉讼程序，并希望评估申请中止国内诉讼的可能性。

• 痛点：律师未处理过跨境平行诉讼，不清楚国际条约送达规则、国内法院中止诉讼的审查标准，以及跨境证据公证认证流程。

◆ 提问 AI 的指令

【作为专业律师你需要解析案件程序要点，按时间顺序列明操作步骤、法律依据及注意事项。

当事人情况：

• 我方当事人：王五，北京某跨境电商公司法定代表人，主营服装出口。

• 对方当事人：美国 XYZ 品牌公司，注册地加州，主张商标侵权。

争议地域：

• 国内诉讼：北京互联网法院（案号：×× 号）

• 境外诉讼：美国加州北区联邦地区法院

案件情况：

• 2025 年 1 月我方收到国内诉状，主张赔偿 200 万元；2 月 10 日收到美国法院临时禁令，要求 72 小时内下架涉案商品。

• 现有资料：美国商标注册证书（未经领事认证）、国内平台销售记录、美国律师函电子邮件。

法律问题：

• 国内法院中止诉讼的申请条件及提交期限？

• 美国禁令的国内执行风险及反制措施（如申请国内行为保全）？

• 未经公证认证的境外证据在国内诉讼中的采纳规则？】

DeepSeek 生成实例

以下按时间顺序梳理案件程序要点，结合法律依据及注意事项进行分析：

一、国内法院中止诉讼的申请条件及提交期限

◦ 申请条件

• 法律依据：根据《民事诉讼法》第153条，中止诉讼的情形包括"本案必须以另一案的审理结果为依据，而另一案尚未审结"。本案中，若美国诉讼的商标权认定结果直接影响国内侵权判定，可主张中止国内诉讼。

• 操作步骤：

向北京互联网法院提交中止申请，附美国诉讼相关材料（如诉状、禁令文件），说明两案关联性。

需论证美国诉讼结果（如商标权有效性、侵权成立与否）对国内案件的关键影响。

◦ 注意事项：

法院可能要求证明美国诉讼与国内案件"同一事实、同一法律关系"，否则可能驳回申请。

提交期限无明确规定，但应在合理期限内尽早提出，避免程序拖延。

二、美国禁令的国内执行风险及反制措施

执行风险分析

◦ 直接执行风险低：中美无民商事判决互认条约，美国禁令需经中国法院承认程序（《民事诉讼法》第289条），但因程序复杂且标准严格（如公共秩序保留），实践中难以直接执行。

◦ 间接风险：美国禁令可能通过跨境电商平台（如亚马逊）冻结账户资金，平台中国分支机构可能配合执行，导致资金无法提现。

反制措施

◦ 申请国内行为保全：

• 法律依据：依据《民事诉讼法》第 103 条，可向北京互联网法院申请行为保全，要求平台暂缓执行美国禁令，防止损失扩大。

• 操作步骤：提交保全申请书，附美国禁令不合理性证据（如原告恶意诉讼、禁令程序瑕疵）及国内销售合法性证明（如商标不侵权分析报告）。

◦ 管辖权异议：主张中国法院更适合审理（侵权行为发生地、被告住所地在中国），削弱美国法院管辖依据。

◦ 积极应诉美国诉讼：

• 委托美国律师在 21 天内提交答辩状，质疑临时禁令的紧迫性、原告证据不足（如商标权地域性限制）。

• 若和解更有利，可协商降低赔偿金额（需评估店铺价值、冻结资金规模）。

三、未经公证认证的境外证据的采纳规则

法律依据

◦《最高人民法院关于民事诉讼证据的若干规定》第 16 条：境外证据需经所在国公证机关公证 + 中国驻该国使领馆认证，否则不得作为证据使用。例外情形包括“对证据真实性无异议”或“可通过其他途径核实”。

具体分析

◦ 美国商标注册证书：未经领事认证，原则上不具证明力，需补办公认证手续。

◦ 电子邮件律师函：作为电子数据，需提供原始载体、发送人身份及内容真实性证明（如公证邮件来源、IP 地址等），否则可能被质疑。

◦ 国内平台销售记录：属于境内证据，可直接作为证据使用。

应对策略

◦ 对原告提交的未经认证证据提出异议，要求法院排除。

◦ 若需使用境外证据（如美国商标信息），及时补办公认证。

总结建议

1. 优先处理美国禁令：评估账户冻结影响，选择和解或应诉以减少损失。

2. 国内诉讼双线并行：申请中止诉讼同时准备侵权抗辩（如商标不近似、合法来源抗辩）。

3. 证据合规性审查：完善境外证据链（如补充认证），同时质疑对方证据瑕疵。

4. 专业团队协作：国内律师协调程序事项，美国律师处理禁令抗辩及管辖权争议。

以上步骤需根据案件进展动态调整，重点在于通过程序对抗争取时间，并实质性削弱对方主张的合法性。

第三章 DeepSeek 合同业务

3.1 常见协议内容起草

在律师及法务日常工作中，协议起草是高频且复杂的任务。传统模式下，律师需从零开始搭建合同框架，耗时耗力且易遗漏关键条款。尤其当涉及新兴业务领域（如数据合规、跨境交易）或地方性法规时，律师可能因对特定领域经验不足而难以全面覆盖法律风险。此外，标准化协议虽可参考模板，但需根据具体交易背景调整条款，这一过程仍需大量重复劳动。AI 智能体能够快速生成基础协议框架，帮助律师跳过“从空白文档起步”的困境，直接进入条款优化和风险防控的深度工作，显著提升效率并降低基础性错误风险。

相较其他 AI 模型（如 ChatGPT），DeepSeek 对中文法律文本的解析更具优势。它能识别中文合同中的隐含意图和本土化表达，被称为“更适合中国律师体质的 AI 模型”。

◆ 使用场景

场景 1：商业合作框架协议起草

客户计划与 B 公司合作开发某电商平台，需签署包含股权分配、知识产权归属、争议解决等条款的合作协议。律师对电商领域合作协议经验有限，且客户要求 48 小时内提交初稿。此时，律师可通过 AI 生成基础协议模板，快速锁定核心条款结构，再结合客户具体需求补充定制化内容（如数据跨境传输合规条款）。

场景 2：劳动用工补充协议修订

某企业因业务调整需与员工签署竞业限制补充协议，但企业内部法务对竞业限制相关法律规定理解不充分，担心条款表述不当引发劳动争议。AI 可基于地域性法规和类案裁判规则生成合规文本，法务仅需调整限制期限、补偿标准等变量即可。

◆ 提问 AI 的指令

【作为专业律师 / 法务，你需要基于交易背景和法律要求生成协议初稿，并提供条款设计逻辑的说明。

1. 协议类型：{明确协议性质，如股权转让协议、技术服务合同、保密协议等}

2. 当事人信息：

- 我方当事人：{名称、性质（企业 / 个人）、主营业务 / 身份}
- 对方当事人：{名称、性质（企业 / 个人）、主营业务 / 身份}

3. 交易背景：{简述合作目的、标的物、履行方式等核心内容}

4. 特别要求：

- 必备条款：{如争议解决方式选择仲裁 / 诉讼、管辖地、违约责任计算方式}
- 合规重点：{如涉及个人信息处理需符合《个人信息保护法》、跨境支付需外汇管制条款}
- 风险提示需求：{要求 AI 标注高风险条款（如无限连带责任）及替代方案}

5. 地域关联：{协议履行地、登记机关所在地等影响法律适用的地域信息}

• 输出要求：

生成协议初稿，含条款标题、正文及注释（注明条款设计依据）

附“条款风险等级评估表”，按高 / 中 / 低三级标注风险并说明理由。】

◆ 示范指令

【作为专业律师 / 法务，你需要基于交易背景和法律要求生成协议初稿，并提供条款设计逻辑说明。

1. 协议类型：数据共享合作协议

2. 当事人信息：

– 我方当事人：甲公司（注册地：上海市，数据服务提供商）

– 对方当事人：乙医院（注册地：北京市，三级甲等医疗机构）

3. 交易背景：乙医院拟向甲公司提供脱敏医疗数据，用于 AI 模型训练；甲公司需向乙医院支付数据使用费，并承诺数据仅用于科研用途。

4. 特别要求：

– 必备条款：数据安全义务、知识产权归属、违约情形下数据销毁机制

– 合规重点：符合《数据安全法》第 30 条、《个人信息保护法》第 22 条

– 风险提示需求：标注数据泄露责任划分、跨境传输风险点

5. 地域关联：数据存储于境内服务器，争议解决方式为上海仲裁委员会

• 输出要求：

生成协议初稿，含条款标题、正文及注释（注明条款设计依据）

附“条款风险等级评估表”，按高/中/低三级标注风险并说明理由。】

DeepSeek 生成实例

以下是根据要求拟定的《数据共享合作协议》初稿及条款设计说明：

数据共享合作协议

甲方：甲公司（注册地：上海市）

乙方：乙医院（注册地：北京市）

第一条　数据共享内容与范围

1.1　数据内容：乙方向甲方提供经脱敏处理的医疗数据（以下简称“数据”），包括但不限于患者诊疗记录、影像数据等，且数据已通过技术手段无法识别特定个人。

1.2　使用目的：数据仅用于甲方 AI 模型训练及科研用途，禁止用于商业推广或其他非授权用途。

1.3　数据量及更新：数据总量为________，更新频率为每月________次，具体以双方书面确认为准。

注释：

• 脱敏标准需符合《个人信息保护法》第 22 条及《个人信息去标识化指南》，确保无法复原原始信息。

• 使用范围限制旨在避免数据滥用风险，符合《数据安全法》第 30 条对数据处理目的的合法性要求。

第二条　数据安全义务

2.1　甲方义务：

• 采取加密存储、访问控制、日志审计等技术措施保障数据安全；

• 建立数据安全管理制度，定期向乙方提交安全评估报告。

2.2 乙方义务：

• 确保提供数据已通过合法途径脱敏，并取得患者知情同意或通过伦理审查豁免。

2.3 风险提示：

• 如发生数据泄露，过错方承担全部责任；若双方均有过错，按责任比例分担。

• 数据禁止跨境传输，存储服务器须位于境内。

注释：

• 数据安全措施参考《网络安全标准实践指南》要求，明确双方技术与管理责任。

• 责任划分依据《个人信息保护法》第 22 条关于委托处理数据的过错归责原则。

第三条 知识产权归属

3.1 原始数据权属：数据所有权及知识产权归乙方所有。

3.2 衍生成果：基于数据训练的 AI 模型知识产权归甲方所有，但乙方可无偿用于非商业科研。

注释：

• 数据权属划分符合《数据交易安全合规指引》对数据持有权的规定。

• 衍生成果归属设计平衡双方利益，避免格式条款无效风险。

第四条 费用与支付

4.1 使用费：甲方向乙方支付数据使用费人民币 ________ 元，按 ________（季度 / 年度）结算。

4.2 逾期责任：逾期付款按日 0.05% 支付违约金，超过 30 日乙方有权终止协议。

第五条　违约与数据销毁

5.1　违约情形：

• 甲方超范围使用数据或发生数据泄露；

• 乙方提供数据未达到脱敏标准。

5.2　数据销毁：违约方应在10日内销毁全部数据及衍生成果，并提供书面销毁证明。

注释：

• 销毁机制依据《数据安全法》第30条关于数据处理活动终止后的数据处置要求。

第六条　争议解决

6.1　争议提交上海仲裁委员会仲裁。

条款风险等级评估

条　款	风险等级	理　由
数据安全义务	高	涉及《数据安全法》《个人信息保护法》合规，泄露可能导致行政处罚或诉讼
数据销毁机制	高	未妥善销毁可能引发二次泄露或合规风险
知识产权归属	中	衍生成果分配易引发权属争议，需明确约定
费用支付	低	违约责任明确，争议概率较低

附注：

• 本协议需双方签署后生效，并同步签署《数据安全保密承诺书》作为附件。

• 跨境传输、数据共享范围扩大等重大变更需重新进行安全评估。

3.2 合同内容法务审查

在法务或法律顾问工作过程中，合同审查是很频繁的业务。大部分合同审查的基础性工作有共通之处，因此熟练使用 DeepSeek 进行合同的初审可以很大程度地提高效率、节省时间。

◆ 使用场景

作为某大型国企的常年法律顾问，需要日常审核顾问单位送审的合同，并出具法律意见书。该顾问单位组织庞大，每日送审合同数量较多，需要投入大量的时间予以处理。

◆ 提问 AI 的指令

在使用过程中需将文件转换为 txt 格式以附件形式提交，并一并发送指令。

【该文件为需要进行审核的｛合同文本｝

1. 合同签订目的:｛写明我方当事人签订该文件的目的｝

2. 合同签订背景及现情况:｛写明签订该合同的原因并说明现在磋商情况｝

请审查该文件，包括但不限于如下内容。发现具体问题时，请另行注明该问题的风险等级，对于审核发现的法律问题进行列明并撰写一份法律意见书，对合同条款提出修改意见:

- 主体资格：审查当事人是否具备签订及履行合同的资格和能力，如自然人是否具有完全民事行为能力，法人或非法人组织是否依法成立并有效存续，是否具备相应经营范围和资质。
- 主体信息：核对当事人名称、地址、联系方式等信息的准确性，确保能有效沟通和履行通知等义务。
- 标的：明确合同所涉交易的具体内容，如货物买卖中的货物规格、型号、数量等，服务合同中的服务内容、范围、标准等，确保表述清晰准确无歧义。

• **数量和质量**：审查数量计量方式和质量标准是否明确具体，质量标准应注明是国家标准、行业标准还是企业标准等。

• **价款或报酬**：关注金额、支付方式、支付时间、支付条件等约定是否清晰合理，有无歧义或漏洞。

• **履行期限、地点和方式**：审查履行期限是否合理明确，履行地点要具体准确，履行方式应符合交易习惯和法律规定。

• **违约责任**：查看是否明确违约情形及相应责任承担方式，责任约定应公平合理，具有可操作性。

• **争议解决条款**：确认选择的仲裁机构或法院是否明确有效，仲裁条款要写明仲裁机构名称，诉讼管辖法院要符合法律规定。

• **形式要求**：查看合同是否符合法律、法规规定的形式要求，如某些合同需书面形式、需经审批或备案等。

• **语言表达**：检查合同语言是否规范、准确、严谨，避免使用模糊不清或易产生歧义的词语。

• **法律法规**：审查合同内容是否违反法律法规强制性规定，否则可能导致合同无效或部分条款无效。

• **政策规定**：核实合同是否符合国家政策导向和相关行业政策要求。

• **知识产权条款**：涉及知识产权的合同，要审查知识产权归属、使用范围、保密义务等条款是否明确合理。

• **保密条款**：查看保密信息范围、保密期限、保密义务等约定是否完整明确，以保护当事人商业秘密等信息。

• **通知与送达条款**：确认通知方式、送达地址等约定是否明确，

以保障合同履行中的信息传递】

3.3 合同内容精细对比

在合同谈判、版本更新或跨主体协作中，法律从业者常需对多份合同文本进行比对。传统人工逐条比对效率低下，易遗漏隐蔽条款（如责任限制、争议解决条款的细微表述差异），且难以系统性归纳关联性（如多轮磋商中条款演变路径）。

◆ 使用场景

• 新旧版本迭代：客户提供第三版合作协议，需与第二版对比修订内容，确认权利义务调整是否符合谈判意图。

• 多方磋商记录：同一事项经过 5 轮谈判，需汇总各方提出的条款版本，分析核心争议点演变规律。

• 跨境合同一致性：中英文合同因语言表述差异导致条款解释分歧，需验证双语条款的实质性对等。

• 模板与定制化冲突：对方提供的合同与行业通用模板存在结构性差异，需快速定位新增限制性条款。

◆ 提问 AI 的指令

【作为专业律师，你需要对以下合同文本进行精细化对比分析，具体要求如下：

• 差异标记：逐条标注条款表述差异，区分文字修改（如“应当”改为“可以”）、内容增减（如新增违约金条款）和逻辑变动（如管辖条款从仲裁改为诉讼）

• 关联性分析：若为多轮磋商文本，总结条款修改的博弈焦点（例如价格条款从“固定价”到“浮动价 + 保底价”的演变路径）

• 风险提炼：识别对我方不利的实质性变更（如将“不可抗力免

责”范围缩小至自然灾害）

• 需对比文本：

文本 A（我方提供）：{粘贴或上传合同全文}

文本 B（对方提供 / 旧版本）：{粘贴或上传合同全文}

• 附加要求：

□ 生成修订对比表（标记页码、条款序号及修改类型）

□ 重点标注影响权利义务平衡的 10 项核心条款

□ 对争议解决条款作合规性审查（依据《民事诉讼法》第 ×× 条及司法解释）】

第四章
DeepSeek 诉讼业务

2024 年 5 月 29 日,《法治日报》刊登的《公正路上，AI 和法官并肩作战》一文已展示了“AI+ 审判”实施的可能性。例如，利用司法人工智能辅助办案系统，整理案卷，一键生成文书。法官对 AI 文书的评价是“除了编排格式和语言风格有点‘机器人’的味道外，裁判理由和判决结果整体上都令人比较满意”。

从《公正路上，AI 和法官并肩作战》一文中可以看出，目前在法院人工智能已运用在：要素提取、案情分析、类案推送、文书制作、文书纠错、一键阅卷、自动生成案情报告等场景上。

本章将和各位探究利用免费的 DeepSeek 为应用场景的可能性，本章开始前想让各位读者思考一个问题：“AI 是否可以代替律师出庭？”

我的回答是“不可能”，因为庭审审查围绕两件事:【事实】和【法律】。就像世界上永远没有两片相同的树叶一样，没有案子可以达到 100% 的一致，况且我国是以法官为中心进行审判，身为一个法官对案件的认定是基于【事实】。

从【事实】的角度来说，有的案件事实不仅复杂且相隔时间比较长，当事人本人对于发生什么自己都记不住了，就算记得有时候也有可能只保留对自己有利的事实。所以在这种情况下，人类与 AI 最大的不同是「人类会撒谎」或者说「人类能辨别出谎言」。

另外，庭审变数太多，很有可能出现新的证据，出现新的事实，庭审上的一句话都有可能影响庭审的走向。在案件基本事实不准确，甚至可以说七分真三分假的情况下，依靠 AI 出庭是完全不现实的，也无法代替律师、法官、检察官、当事人。

同样地，2025 年 2 月 17 日《检察日报》在《做实高质效办案 DeepSeek 能帮到我们吗》一文中写道："机器人能否代替人类，不是一个新话题。在司法领域，探讨这个话题更有特别的必要。不可否认，人工智能在很多方面已经足以媲美人类大脑，甚至在数据处理等很多领域比人类更精准、更高效。但人工智能终归只是人类智慧的延伸。特别是在司法办案领域，无论人工智能发展到何种程度，也只是辅助办案工具"。[1]

人类的案子还是需要人类来办理，同时司法人员的自由裁量作为司法办案活动的重要组成部分，也必须由人来完成。

所以，本章在和大家分享诉讼中可利用 DeepSeek 这类人工智能工具辅助律师进行什么诉讼业务的同时，在每一种场景下也会向各位说明目前人工智能的弊端和警惕方向，目的是希望各位开拓使用工具思路，同时对所有人工智能工具保持警惕。

注：以下分析上传资料皆为公开资料，均不涉及个人隐私、商业秘密。

〔1〕 最高人民检察院：《【检之道】做实高质效办案 DeepSeek 能帮到我们吗》，载微信公众号"最高人民检察院"2025 年 2 月 17 日，https://mp.weixin.qq.com/s/LuEjls_0r6Y-172cs5Q8og。

4.1 案情梳理

在律师承接复杂案件时，案情梳理与可视化报告的制作是核心工作环节，需通过系统性方法整合法律事实、时间线、法律关系等要素，形成兼具逻辑性与说服力的分析成果。

将庞杂的案件信息转化为兼具专业深度与视觉效果的分析成果后，能够显著提升办案效率并增强说服力。值得注意的是，可视化工具虽能增强表达效果，但核心仍在于法律逻辑的严密性——所有图表必须服务于法律论证目标，避免陷入“形式大于内容”的误区。

【作为一名律师助理，基于 ** 信息，按照 ** 逻辑框架进行基本案情分析、裁判规则总结，形成一个案件汇报文档】

场景 1：分析山东地区对于二手车重大事故审判理念和裁判思路

◆ 使用逻辑

当我们想了解某一地区对于某一类案件的判决思路和方向时，传统做法是在裁判文书网上下载文书并分配给实习律师以及律师助理，分析：（1）案件基本情况：审理法院、案号、基本案情、一审判决结果、二审判决结果；（2）审查要点；（3）裁判规则。现在我们可以尝试使用 DeepSeek 帮我们完成这项工作。

（1）上传文书

登录裁判文书网，输入关键词并选择想要下载文书（如图 4-1 和图 4-2 所示），若文书下载格式为 html 或 doc，上传文件时可能会出现无法解析的情况，可利用 wps 批量转换成 pdf 格式再上传至 DeepSeek、豆包、kimi 进行分析（对于已下载文书进行二次分析豆包效果更佳）。

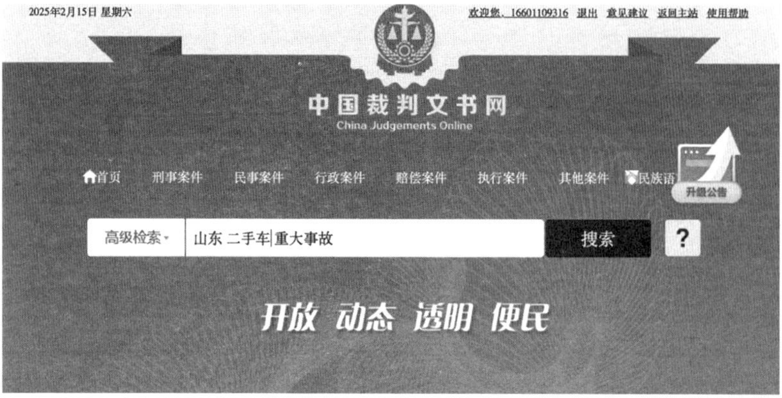

图 4-1　第一步　裁判文书网进行关键词检索

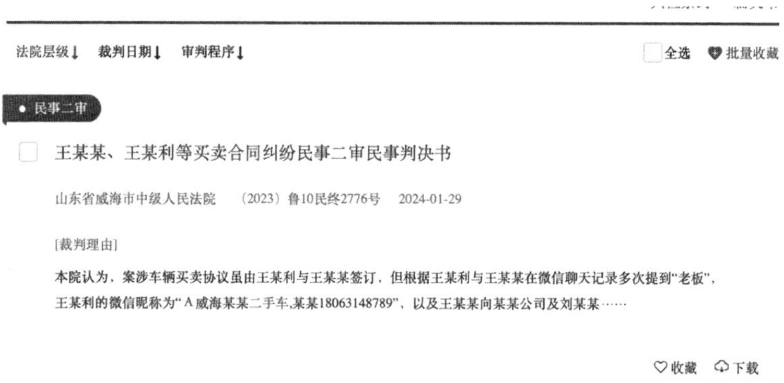

图 4-2　第二步　选定案例后点击右下角云朵进行下载

（2）简述检索要素

- 案由 + 争议焦点 + 法律条文（如房屋买卖合同 + 逾期交房 +《民法典》第 583 条）
- 管辖法院 + 法官姓名 + 类案关键词（预判裁判倾向）
- 行业术语 + 法律问题（建设工程 + 背靠背条款效力）

（3）拆分法律关系，按照要素输出

- 分析类案基础法律关系

- 分析类案请求权构成要件
- 筛选法院采纳有效证据
- 寻找抗辩突破口
- 预判举证责任分配
- 类案争议焦点清单

（4）风险提示

在不投喂案例的情况下，利用 DeepSeek 进行检索时会出现编造案例的情况（如图 4–3 所示），可考虑使用垂直法律大模型例如北大法宝 /icourt（DeepSeek 端口）。

◆ 提问 AI 的指令

- 目标法条：{注明法律名称及具体条款，例如《民法典》第 562 条法定解除}
- 争议焦点：重点法条标注，法条引用概率，二审改判情况和理由，支持退一赔三案例。
- 输出方式（如图 4–4 所示）：{形成表格或者其他可视化逻辑图，对客户进行汇报}
- DeepSeek 关键词：

（1）案件基本事实

法律事实（成要件对应的事实关键词）

证据（证据目录、证据材料清单）

时效（发生时间、履行期限、诉讼时效）

主体关系（合同相对方 / 侵权责任人 / 第三人）

（2）法律适用

请求权基础（合同、侵权、不当得利）

抗辩权体系（时效抗辩、免责条款、履行抗辩）

法律条文（具体条款的细化适用规则）

法律竞合（违约责任 vs 侵权责任、分析备位诉请）

（3）诉讼程序

管辖依据（约定管辖、专属管辖、级别管辖）

举证责任（谁主张谁举证、举证倒置）

（4）输出要素

要件事实（整理直接影响法律认定的关键事实）

法律论证（大前提—小前提—结论的三段论）

争议焦点（法院归纳的核心审理问题）

诉讼可视化（时间轴、法律关系图、对比表）

◆ 警惕方向

因梳理用户已上传案例，需对比案号是否正确，注意与原始文档交叉核实；可能存在猜测提问者倾向性并编纂分析比例的情况，例如，该地区不存在退一赔三案例，或者该地区退一赔三一审改判率100%。

I. 法条适用统计表

高频法条	引用率	适用场景	典型判例
《民法典》第563条	89%	合同解除权	(2021)鲁01民终XXXX
《消费者权益保护法》55条	34%	欺诈行为认定	(2022)鲁02民终XXXX
《民法典》第500条	67%	缔约过失责任	(2020)鲁06民初XXXX
《二手车流通管理办法》17条	92%	车况信息披露义务	(2023)鲁13民终XXXX

图 4-3　虚假案号

III. 关键数据对比表

指标	一审结果	二审改判情况	改判理由TOP3
退一赔三支持率	12% (10/83)	改判率40% (4/10)	1. 欺诈证据不足(60%) 2. 主体适格问题(25%) 3. 赔偿标准争议(15%)
合同解除支持率	78% (65/83)	维持率92% (60/65)	重大事故未披露即构成根本违约
酌定赔偿比例	车价15%~30%	调整至10%~25%	实际损失举证不充分

图 4-4　法条适用统计表及关键数据对比表

场景 2：证据材料梳理

在诉讼代理实务中，律师常采取“全案证据收悉—专业筛选—定向提交”的工作模式。鉴于当事人对证据要件认知不足，律师需引导其完整提交涉案材料并再进行筛选。

面对海量证据审查中存在的工作量巨大、效率瓶颈与遗漏风险，可依托 DeepSeek 智能分析系统实现三大突破：其一，解析证据中关键文本，根据关键词智能识别核心证据节点并构建证据链；其二，进行证据强度评估，标注程序瑕疵与证明力薄弱环节；其三，生成包含补证建议、质证要点的事实分析报告，将律师从基础筛查工作中解放，聚焦于庭审策略优化。

【上传批量聊天截图、文档后，作为一名律师需要梳理与分析以上聊天记录、文件】

◆ 使用逻辑

目前 DeepSeek 批量分析数量上限为 50 个（各类图片和文档），所以针对多证据材料的 AI 辅助处理流程，建议优先将证据进行结构化分类后上传。

（1）基础处理

• 对纸质材料进行拍照扫描（建议 300dpi 以上）

• 目前 DeepSeek 无法对音视频进行分析，可筛选音视频证据单独保存或转成文字格式

• 建立统一命名规则：编号 + 主体名称 + 证据类型 + 序号（如 20250114 甲方公司合同 001）

（2）分类处理证据

• 关键书证：合同类、聊天截图类、票据类、凭证类、其他关键证据

• 法律属性：主体证明、履约证据、违约证据、损失证明

• 主体类：原告方、被告方、第三人

（3）输出要素

• 智能优先级排序：将核心证据（如合同、关键聊天记录）前置，辅助证据（如背景沟通）后置。

• 进行多维度分析：从败诉风险倒推，检查证据是否覆盖所有法律要件（如合同纠纷需"要约 + 承诺 + 对价"）。

• 动态更新：同时上传新旧证据，标注新增证据与原有逻辑的区别和关联性。

◆ 提问 AI 的指令

（1）证据预处理要求

• 请将上传的［合同 / 邮件 / 财务记录］按时间线 / 当事人 / 法律性质自动分类。

• 并标注证据中的关键信息：签署日期、金额条款、违约责任条款等。

（2）法律分析

- 分析证据链中的逻辑矛盾点，例如，A 证据所述时间与 B 录音中当事人的陈述是否冲突？
- 请比对这些交易记录与对账单，列出具体交易笔数及金额……

（3）输出要求

- 作为债权人代理人，按照时间线，整理合同重点信息，归纳争议焦点，提取关键条款，提示风险点，梳理时间轴，形成摘要，等等。

◆ 示例

（1）对附件中的 50 份销售合同进行 OCR 识别[1]，提取「违约责任」条款内容；

（2）比对条款内容与《民法典》第 584 条，标注赔偿金额超过实际损失 30% 的合同；

（3）可增加验证指令：对无法清晰识别的证据页码单独标注（需人工复核部分）。

◆ 警惕方向

（1）上传证据是否可以全部识别。建议优先上传 doc 或 txt 文档，如图片类、水印类证据可能存在无法精确识别风险。

（2）可能存在篡改证据风险。建议要求 DeepSeek 标注结论的依据以及其在原文中的位置（如“见证据 3 第 2 页第 5 段”）。

（3）证据材料保密性，务必小心使用、上传已脱敏证据。《DeepSeek 隐私政策》（2024.12.05 版）中规定，“当您使用或开启

---

〔1〕 OCR 识别（Optical Character Recognition）是一种通过扫描和识别纸质文档上的文字，将其转换成计算机可编辑和处理的数字文本格式的技术。

相关功能或使用服务时，为实现功能、服务所必需，我们会收集、使用相关信息”，而根据《律师法》第38条的规定，律师应当保守在执业活动中知悉的国家秘密、商业秘密，不得泄露当事人的隐私。

（4）建议增加《证据材料上传授权及免责声明》，表明证据当事人同意相关证据上传，或要求当事人明确禁止将证据上传至人工智能处，同意有限授权以及明确禁止上传。相关条款可参考：

证据材料上传特别授权声明

本人作为［案号/案件名称］当事人，经律师事务所充分告知人工智能分析的技术特性及法律风险，现作出如下二选一声明：

□ 同意有限授权

1. 上传范围限制

仅允许上传符合以下标准的材料：经双重脱敏处理（律师团队核验+当事人签字确认）。

2. 技术风险特别告知

确认知悉并接受：

（1）文字识别准确率受文件清晰度影响，可能存在≤15%的字符误读率；

（2）AI分析结果不作为法律意见，不得直接援引于法律文书；

（3）根据《DeepSeek隐私政策》（2024.12.05版），系统可能留存用于模型训练的非敏感文本片段。

3. 要求律师事务所采取技术措施确保：

（1）禁用 AI 平台的文本反推、关联分析等深度挖掘功能；[1]

（2）单次分析完成后 72 小时内删除服务器缓存。

□ 明确禁止上传

要求所有案件材料仅通过物理介质或律所内部系统传输，禁止以任何形式接入第三方人工智能平台。

4. 保密义务保留

本授权不解除律师事务所根据《律师法》及委托协议应承担的保密义务。

5. 协议效力

本声明自签署之日起与委托代理协议具有同等法律效力。

签署栏

当事人：________________ 执业律师：________________

日期：________________

4.2 诉讼策略分析

DeepSeek 目前仅可作为律师的“智能法律助理”，进行诉讼策略分析的前提是经过承办律师的事实归纳以及专业分析。目前 DeepSeek 显著提升了诉讼策略分析的效率，强化了数据支撑，但在策略创新、复杂情境判断和人际博弈层面仍需依赖律师的专业能

〔1〕 文本反推：通常是指通过对输出文本进行分析，反向推导输入数据、模型参数或用户相关信息等。比如根据生成的文章反推作者输入的关键词、原始素材，或推断模型训练数据的特征。禁用它可防止信息逆向泄露，保护数据隐私。

关联分析：是在数据集中寻找不同数据项之间潜在联系的技术。如在文本分析里，可找出不同主题、事件、人物间的关联。禁用它能避免过度挖掘信息，防止生成可能误导或侵犯隐私的内容。

力。对其合理使用可优化工作流程，但需避免过度依赖其自动化结论。

举个例子，客户说她要离婚，但聊完之后发现问题的核心并不是离婚，而是她和老公产生了矛盾，矛盾原因是公婆要把自己的拆迁房给大姑姐，不给她老公，因为她老公本身是“老赖”。找律师咨询并不是“想要离婚”而是想知道如何从公婆那里拿到应当属于自己老公的房产。所以，这个案子本质不是离婚案件，也不是共有权纠纷或拆迁房归属案件，律师给她的方案可能是「公婆直接赠与其孙子房产」，直接针对问题产生的原因，提出解决方案。

所以，这个例子告诉我们 DeepSeek 的定位应是“标准化流程加速器”，而律师的核心价值在于其“复杂系统解构者”的角色。如上述案例所示，法律问题的本质往往隐藏在表层诉求之下，需要结合社会学洞察（如家庭权力结构）、心理学判断（如客户动机分析）和法律技术推演，这种多维度的整合能力仍是当前 AI 技术难以突破的边界。

律师与客户建立联系后，一般会安排当面咨询并进行律师费报价，或者为了促成交易为客户出具《诉讼服务方案》，但在达成委托关系前则会顾虑“客户拿我的方案找别的律师怎么办？”区别于已经委托后的《诉讼服务方案》，在成交场景下的《诉讼服务方案》的逻辑是提供初步方案，主要列明当事人、管辖法院、基础费用。此时，可考虑使用 DeepSeek 辅助撰写省时省力高效版的《诉讼服务方案》，尽量通过技术增效降低时间成本。

【我是一名律师，根据以下民间借贷的 ×× 事实出具一份诉讼服务方案，以案件成交为主要目的】

DeepSeek 生成实例

民间借贷纠纷诉讼服务方案

（委托人：×××）

一、案情初步分析

1. 法律关系梳理

（1）借贷合意：根据借条 / 转账记录 / 聊天记录等，确认借贷关系成立（需补充具体证据）。

（2）本金与利息：核算本金金额、约定利息（是否符合法定上限）。

（3）履行情况：借款人还款情况、剩余欠款金额及逾期时间。

2. 争议焦点预判

（1）证据链完整性（如缺少书面借条时的补救方案）。

（2）诉讼时效问题（最后一次催款时间是否在 3 年内）。

（3）借款人抗辩可能性（如“已还款”“非借款”等）。

二、服务内容与流程

1. 基础服务内容

（1）起诉材料准备：起草起诉状、证据目录、财产保全申请书。

（2）立案协助：全程代理立案手续（法院沟通、诉讼费缴纳）。

（3）财产线索调查：调取借款人身份信息、初步排查财产线索（房产、车辆、账户等）。

（4）出庭代理：一审全程参与庭审、辩论及调解谈判。

2. 关键动作（提高胜诉与回款率）

（1）财产保全：立案同步申请冻结借款人财产，保障执行可行性。

（2）类案检索报告：提供本地法院同类胜诉判例，增强法官心证。

（3）调解策略：庭前推动调解，缩短回款周期（调解书具强制执行力）。

三、办案周期与预期结果〔1〕

阶段	周期	目标	具体操作及注意事项
材料准备	3～5日	完成起诉并立案	收集整理借条、转账记录、聊天记录等能证明债权债务关系的证据材料，撰写起诉状，明确诉讼请求和事实理由，然后向有管辖权的法院提交材料申请立案，确保材料齐全、格式规范，避免因材料问题延误立案时间
财产保全	1～2周	冻结借款人资产	在立案后，及时向法院申请财产保全，提供借款人的财产线索，如银行账户、房产、车辆等信息，法院审核通过后会采取查封、扣押、冻结等措施，防止借款人转移资产，需注意提供合理的担保
一审审理	1～3个月	取得胜诉判决/调解书	法院会安排开庭审理，双方当事人需按时出庭，在庭审过程中充分举证、质证、辩论，阐述自己的观点和诉求，若双方有调解意愿，法院会组织调解，争取达成调解协议，制作调解书，若调解不成则等待法院判决
执行回款	3～6个月	通过强制执行实现债权	在取得胜诉判决或调解书后，若借款人未履行义务，在规定时间内及时向法院申请强制执行，法院会依法对借款人的财产进行处置，如划扣银行存款、拍卖房产车辆等，将执行款发放给债权人，期间需积极配合法院执行工作，提供被执行人财产线索

〔1〕 DeepSeek 生成法院审理时间与实际不符，时间长短建议律师根据当地法院审判时间进行二次修改。

四、律师优势

专业聚焦：团队年均处理借贷案件 50+ 件，胜诉率超 90%[1]。

风险可控：采用“基础代理费 + 回款提成”模式，降低委托人前期成本。

五、代理费用方案

基础代理费：××× 元（涵盖一审全流程，含诉状、立案、开庭）。

风险代理（可选）：回款金额的 15% ~ 30%（按实际执行到位金额计算）。

→优势：前期成本低，律师利益与回款结果深度绑定。

六、下一步行动建议

1. 签署委托代理合同，启动证据梳理与保全程序。

2. 尽快向法院提交立案申请（避免借款人转移财产）。

联系律师：×××

电话 / 微信：×××

（附：成功案例摘要与团队资质文件）

注：本方案为简化模板，实际内容需根据具体证据材料调整，重点在于：

突出效率（快速立案、保全）；

降低决策成本（费用模式灵活）；

强化结果承诺（胜诉率与执行渠道）。

〔1〕 DeepSeek 自动生成，建议律师在《诉讼服务方案》中不要承诺胜诉率，有违规执业风险。

场景 1：客户咨询后，促进成交为其制定诉讼服务方案

◆ 使用逻辑

（1）合同纠纷案：快速提取合同中的关键条款（如违约金比例、争议解决方式），检索同类案件中法院对类似条款的认定倾向，提示律师是否应主张条款无效或调整诉讼请求。

（2）侵权赔偿案：通过上传 DeepSeek 分析类案赔偿比例，推测其可能的索赔策略和方向，并生成针对性的诉讼服务方案。

（3）管辖权争议：比对不同法院的裁判效率及赔偿标准差异，辅助律师选择最优管辖法院。

◆ 提问 AI 的指令

1. DeepSeek 关键词

对案件基本事实进行描述，明确案件相关当事人，通过 DeepSeek 进行以下分析：

按照诉讼要素法律分析

（1）诉讼主体资格确认

- 原告主体资格分析
- 被告选择与确认
- 申请追加第三人（如有）

（2）确认诉讼请求

- 明确诉讼请求
- 诉讼请求论证

（3）法律关系分析

（4）时间分析

- 诉讼时效
- 案件办理周期

（5）管辖法院

诉讼策略分析

（1）本案争议焦点预判

（2）诉讼结果分析

（3）评估风险分析

输出目标

（1）增加成交概率

（2）诉讼方案简略即可

经过上述分析，可形成如下所示的诉讼服务方案（基础版），若要进一步优化，可通过下文所述的方式，进行可视化分析。

DeepSeek 生成实例

诉讼服务方案（基础版）

（注：本方案系基于初步事实陈述的框架性分析，具体实施需签署委托合同后补充完整证据链）

一、案件基本事实概要

（由律师填写 100 ~ 200 字事实摘要，建议模糊化处理关键证据细节）示例："据现有材料显示，本案系因 ×× 年 ×× 月 ×× 日发生于 ×× 地的 ×× 行为引发，涉及 ×× 合同 / 侵权法律关系，标的金额约 ×× 万元……"

二、诉讼要素法律分析

1. 诉讼主体资格审查

（1）原告主体资格

• 引用《民事诉讼法》第 122 条，结合《民法典》总则编民事权利能力条款

• 提示需补充：①身份证明文件　②授权文件　③利害关系证明材料

（2）被告选择策略

• 列举可能存在责任的主体（法人 / 自然人 / 其他组织）

• 重点标注："根据《公司法》第 ×× 条，若存在法人人格混同情形，可考虑追加关联方为共同被告"

（3）第三人追加可能性

• 设置钩子："经全面检索被告资产情况后，可视情况依据《民事诉讼法》第 59 条申请追加第三人"

2. 诉讼请求设计

（1）主请求：

• 模板化表述："请求判令被告向原告支付 ×× 款 ×× 元（暂计至 ×× 年 ×× 月 ×× 日）"

• 备注："最终金额需结合《民法典》第 584 条损失赔偿规则进行精算"

（2）备位请求：

• 设置安全条款："若主请求未获支持，则请求法院依照《民法典》第 ×× 条判令……"

3. 法律关系分析

• 采用开放式表述："可能涉及合同 / 侵权 / 不当得利竞合，需结合《九民纪要》第 ×× 条进行请求权基础选择"

4. 诉讼时效核查

• 模板化提示："根据《民法典》第 188 条，普通诉讼时效期间为三年，需重点核查 ×× 时间节点的中断事由"

三、争议解决策略

1. 争议焦点预判

• 列举 3～5 个可能争点（含 1-2 个冗余项）

示例：①合同效力认定 ②违约行为因果关系 ③损失计算标准……

2. 程序策略选择

• 同步提示："可根据《民事诉讼法》第 106 条评估诉前保全可行性"

• 风险提示："需注意《诉讼费用交纳办法》第 ×× 条规定的败诉方费用承担规则"

使用技巧：

1. 事实部分保持"半结构化"，预留需客户补充信息的空白字段

2. 法律条款引用准确但保持宽泛（如《民法典》合同编而非具体条文）

3. 关键策略分析采用"若…则…"条件句，体现专业严谨性

4. 证据清单仅列大类（书证 / 电子数据 / 证人证言），不列具体证据名称

5. 加入"特别提示"条款："本方案系基于单方陈述制作，实际诉讼策略需结合对方答辩意见动态调整"

风险控制：

1. 方案首页添加保密声明："本文件知识产权归属 ×× 律所，未经书面许可不得用于诉讼代理之外用途"

2. 报价部分采用区间报价（如基础服务费 ×× 万元 + 风险代理比例）

3. 附页设置《委托代理合同》签署回执页，推动客户决策转化

通过此方案设计，既展现专业度保留核心策略，又能通过技术细节把控降低方案被直接复用的风险，建议律师在面谈时配合可视化图表进行讲解以增强客户黏性。

2. 输出方式

{形成表格或者其他可视化逻辑图，对客户进行汇报}

DeepSeek 生成可视化逻辑图时，常输出为代码，这时候可以要求其输出 mermaid 代码，使用绘图软件生成图片。

方法一：点击 https://app.diagrams.net 进入网站，依次点击 +，点击高级，点击 Mermaid，输入 DeepSeek 复制代码，就可以生成诉讼可视化图片，可以在线编辑；

方法二：Mermaid 绘图工具 搜索「MermaidLiveEditor」（https://mermaid-js.github.io/mermaid-live-editor）左侧复制代码并直接生成图片。

◆ 警惕方向

1. 初步策略生成，在案件未签约前，律师提供《诉讼服务方案》主要目的是促成交易。建议增加：以上是我所就本案纠纷拟为贵司提供服务的初步诉讼方案，供贵司参考，具体细节问题可进一步协商，真诚期待双方就该业务达成合作机会。××律师事务所，××律师，联系电话：×××××××××××。

2. 在输入脱敏基本案情后，可快速获得基础策略框架，再结合经验（各地法院立案庭不同操作习惯）进一步整理和优化。

3. 建议使用 AI 处理事务性数据分析，形成可视化表格，法律分析仍需要律师完成。

◆ 可视化优化

基于《诉讼服务方案》，可向 DeepSeek 提出进一步的优化建议，比如调整方案的框架结构，优化方案的表现形式，增加更多可视化的元素等（见图 4-5、图 4-6、图 4-7）。

已深度思考（用时 26 秒）

好的，我现在需要帮用户生成一个精美的诉讼服务方案文档，并且关键信息要可视化处理。首先，回顾用户的需求，他们希望律师在客户咨询后，通过制定这样的方案来促进成交，同时避免客户拿着方案去找其他律师。所以，用户需要的是一个既专业又具有一定保密性的文档模板，同时利用可视化元素让内容更易理解。

用户之前已经提供了一个框架和操作建议，现在需要将其转化为精美文档。我需要考虑如何结构化这个文档，以及如何将各部分内容可视化。用户提到关键信息要可视化处理，可能包括时间线、流程图、法律条款的对比图表等。

首先，文档的结构应该符合之前的框架：封面、目录、正文部分（案件事实、法律分析、争议解决策略等）、报价部分和附录。接下来，每个部分需要确定哪些信息适合可视化。例如，案件基本事实可以用时间轴图来展示关键事件节点；诉讼主体资格分析可以用流程图来展示各主体的关系和责任；法律条款对比可以用表格来呈现不同法律依据的适用情况。

然后，需要考虑保密性和风险控制。用户提到的保密声明需要放在显眼位置，可能是在封面或首页底部。报价部分采用区间报价，避免具体数字被直接复制。另外，附录部分需要加入委托合同签署回执，促进客户尽快做出决定。

关于可视化处理，可能需要使用图标、颜色区分不同的部分，比如用红色标注风险点，绿色标注机会点。时间轴图可以用横向的条形图，标注关键日期和事件。法律关系分析可以用思维导图的形式，展示合同、侵权等不同法律关系的交叉点。

还需要注意用户提到的使用技巧，比如事实部分保持半结构化，预留空白字段让客户补充。法律条款引用要宽泛，避免过于具体。关键策略使用条件句，显示专业性同时保留灵活性。

可能遇到的挑战是如何在不过度透露细节的情况下，依然展示专业性。这时候需要平衡信息的呈现方式，例如在流程图或图表中使用概括性的术语，而不是具体案例细节。另外，确保所有可视化元素都清晰易懂，不会让客户感到混乱。

最后，检查整个文档是否符合法律实务要点，是否有遗漏的风险控制部分，比如保密声明和区间报价是否到位。确保附录的委托合同回执页设计合理，方便客户签署返回。

总结步骤：1. 确定文档结构和各部分内容；2. 识别需要可视化的关键信息；3. 设计可视化元素（图表、流程图、时间轴等）；4. 加入保密声明和风险控制措施；5. 调整格式确保美观和专业性；6. 最后检查所有部分是否符合用户需求，特别是避免信息泄露的风险。

以下是为律师设计的可视化《诉讼服务方案（专业版）》模板框架，包含结构化排版和关键信息图形化处理方案：

诉讼服务方案（专业版）

（2024）XX律民代字第[●]号
![律所LOGO]
（注：本方案动态水印+加密保护，阅后即焚系统支持）

一、案件三维透视模型

mermaid　　复制

```
graph TD
A[202X年X月X日] -->|签约行为| B[关键事件]
C[202X年X月X日] -->|违约行为| D[争议起点]
B --> E[法律关系类型]
D --> E
E --> F{法律风险值}
F -->|65%| G[高赔付概率]
F -->|35%| H[调解可能性]
```

**二、诉讼主体关系拓扑图

mermaid 复制

```
pie
    title 责任主体权重分析
    "直接责任人" : 45
    "连带责任人" : 25
    "证据指向方" : 20
    "其他关联方" : 10
```

三、诉讼路径决策树

mermaid 复制

```
graph LR
A[《民法典》[illegible]] [illegible] --> B[[illegible]]
C[《证据规则》90条] --举证责任--> D[证据清单]
E[《九民纪要》41条] --合同效力--> F[争议焦点]
```

四、风险—收益矩阵分析

风险等级	预期收益	应对策略
高风险 高	300~500万元	诉前保全+专家论证
中风险 中	100~300万元	证据强化+管辖权优化
低风险 低	<100万元	调解优先+速裁程序

五、服务报价阶梯模型

mermaid 复制

```
gantt
    title 法律服务阶段划分
    dateFormat  YYYY-MM-DD
    section 基础服务
    证据整理        :a1, 2024-01-01, 30d
    文书制作        :a2, after a1, 20d
    section 增值服务
    专家论证        :b1, 2024-02-01, 15d
    财产调查        :b2, after b1, 25d
```

图 4-5　DeepSeek 可视化图片黑色区域为 mermaid 代码形式

图 4-6　利用 app.diagrams.net 导出可视化图片

第一步：点击 + 号，第二步：点击高级，第三步：选择 Mermaid 并复制 DeepSeek 生成代码

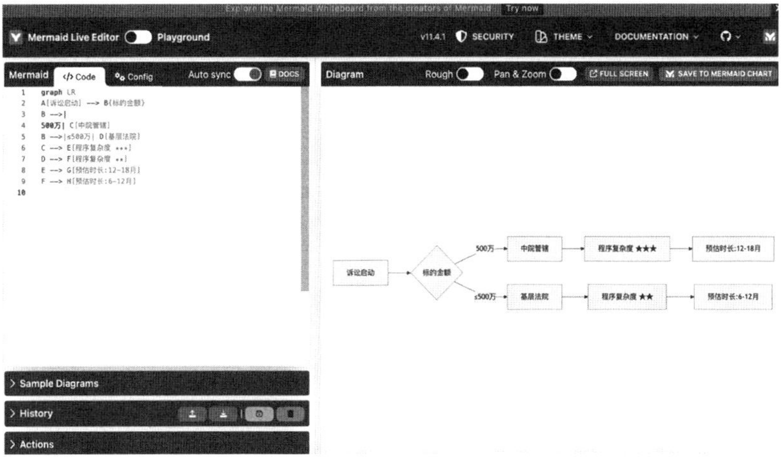

图 4-7　复制 mermaid 代码利用其他软件生成可视化图片

◆ 确定诉讼思路

【提问：我是原告某某的代理律师，根据起诉状、证据材料清单分析本案被告抗辩思路】

在准备诉讼时，律师与当事人已经确定了主要的法律论点和策略。接下来利用 DeepSeek 补充完善诉讼思路，预测对方可能的反驳观点，从而更好地应对庭审中的各种情况。同时设想对方可能提出的新观点，并提前准备应对策略。让 DeepSeek 承担对方律师、法官、公诉人角色对我方证据存在的漏洞进行预先演练和进行反制，此外，也可以利用 DeepSeek 预先准备法庭调查阶段的问题，提前准备答案，提升诉讼律师的庭审应变能力。

场景 2：确认庭审诉讼思路后，进行庭审思路补充以及对抗性推演

◆ 使用逻辑

明确代理主体（原告、被告）可上传起诉状、答辩状、双方证据目录，分析案件不同主体（如法官、被告、公诉人）对于案件的思路和判断。

◆ 提问 AI 的指令

如果对方主张________，我方如何用________证据 / 法律条文反击？

- 法官若质疑________，能否援引________案例 / 学理观点支撑？
- 庭审中哪些环节可能被对方突袭？如何提前防范？
- 类似案件的胜败诉关键因素是什么？法官关注点是否变化？
- 若一审不利，上诉阶段需补充哪些新证据或论点？
- 本案是否有调解空间，哪些条件可以作为谈判筹码？

• 如何向对方问用于支持我方________的观点?

• 输出方式

分析本案对手思路，本案还缺少什么关键证据？是否有证据突袭的可能性？

◆ 警惕方向

（1）律师在确定诉讼方案后再使用AI进行对手思路分析，如在未形成思路前使用AI分析诉讼策略容易陷入思维的局限性。

（2）仍建议使用DeepSeek用于模拟庭审或查缺补漏已有文书材料。

4.3 起诉状、仲裁申请书撰写

律师通常需要实习律师或者助理在起诉状中列明当事人基本信息，DeepSeek作为律师的智能助手也可以辅助完成起诉状、仲裁申请书撰写，但因DeepSeek属于通用大模型，并非法律垂直大模型，故在文书撰写工作上仍需要用户精准投喂事实情况，并进行交叉核验。

看完本节读者可能会有写一个起诉状需要律师准备投喂这么多案件基本事实，不如直接自己上手写的想法，在时间、精力允许的情况下，确实更建议各位自行撰写，另外自己撰写过后，也可以使用DeepSeek核验是否遗漏诉讼请求。

起诉状、仲裁申请书有两种生成方式：

1. 基础使用：投喂案件所有基本情况后，按照具体案由生成文书；

2. 模板式生成：上传文书模板，例如：北京朝阳区劳动仲裁委员会模板，《最高人民法院、司法部、中华全国律师协会关于印发部分案件民事起诉状、答辩状示范文本（试行）的通知》，要求DeepSeek

按照模板进行生成。

故本节场景将按照以上两种生成方式与各位进行实际操作。

【我是一名 ×× 类律师 / 律师助理，根据以下事实 ×× 出具一份起诉状，不要遗漏关键证据，明确案件请求权基础，事实与理由中不遗漏关键信息】

场景 1：基础使用——投喂案件所有基本情况后，按照具体案由生成文书或检查文书

◆ 使用逻辑

（1）上传案件基础事实

- 案件类型与案由
- 当事人信息
- 明确诉讼请求特殊要求，例如，利息计算方式
- 上传事实与理由基本证据，例如，借条、合同
- 生成文书

（2）检查文书错误，优化已完成的文书

- 通过案由识别基础法律要件。例如，描绘基本事实「租客未按期付租金且私自转租给第三方开奶茶店」，DeepSeek 提示需核实基本事实：明确核心要件清单及合同效力要件：书面合同扫描件（需上传第 1 ~ 3 页签章页）、房屋权属证明关联性核查（合同甲方与产权证不一致）；违约事实要件：租金支付凭证（最近 6 个月催款记录缺失）、转租违规证据（建议补充现场照片及新租客证言）；损失计算依据：合同解除通知送达证明（EMS 底单未提）、房屋空置期损失计算标准（合同无约定则按市场价评估）。

- 管辖法院校验。例如：部分可以就原告所在地管辖案件，比如买受人作为原告且根据《最高人民法院关于适用〈中华人民共和国民

事诉讼法〉的解释》第 20 条的规定，以信息网络方式订立的买卖合同，通过信息网络交付标的的，以买受人住所地为合同履行地；通过其他方式交付标的的，收货地为合同履行地。

- 文书优化建议，自动关联相关法条及司法解释。

问题示例：用户输入基本案情

诉讼请求：1. 被告支付房租 15 万元；2. 被告赔偿损失

事实与理由：被告租了房子不付钱，还擅自转租

DeepSeek 优化实例

1. 诉讼请求规范化

赔偿损失 → 判令支付逾期付款违约金 135,000 元（计算方式附后）

2. 事实表述强化

笼统表述 → 增补：

2023 年 2 月 28 日，原告通过 EMS（单号：123456）发送《催款通知》

被告于 2023 年 3 月 2 日签收后仍未履行（见证据 7）

2023 年 4 月 15 日，原告现场查获被告擅自将房屋转租李某经营奶茶店（见照片证据 9）

3. 法律依据补全

依据《民法典》第 577 条、第 703 条，以及《最高人民法院关于审理城镇房屋租赁合同纠纷案件具体应用法律若干问题的解释》第 16 条[1]

- 标校错别字以及要求提示待完善项目和提示风险

---

〔1〕 如人工智能引用法条，务必二次核对 DeepSeek 引用法条真实性。

4. 法律要件完备性报告

（1）达标项

• 合同解除条件成就（证据3显示被告收到解除通知）

• 违约金计算方式合规（未超过年利率24%）

（2）待完善项

• 缺失：房屋交接清单（影响押金返还执行）

• 矛盾点：诉讼请求第3项“返还房屋”与事实部分未明确现占有状态

（3）风险提示

• 被告可能抗辩：疫情减免租金政策（需准备2023年防疫等级文件反驳）

• 执行风险：未查询到被告名下财产线索（建议同步申请财产保全）

◆ 提问AI的指令

1. DeepSeek关键词

（1）民间借贷纠纷

案由：民间借贷纠纷

诉讼主体：

原告（债权人）：张三，男，身份证号×××××××××，住××省××市××区××路××号，联系方式×××××××××××。

被告（债务人）：李四，男，身份证号×××××××××，住××省××市××区××路××号，联系方式×××××××××××。

代理律师：×××律师（代理原告）：××律师事务所，联系方

式 ××××××××××××。

上传资料：

1）借条原件（载明借款金额、期限、利息等）；

2）微信 / 支付宝转账记录（需包含实名认证信息及交易明细）；

3）催款记录（短信、通话录音等证明诉讼时效未过）；

4）原告身份证复印件、被告身份信息证明材料。

诉讼请求：

1）判令被告归还借款本金人民币 ×× 万元（通过微信 / 支付宝 / 银行转账支付）及利息（分段计算：自借款之日起至实际清偿日止，按年利率 ××% 计算，其中 2020 年 8 月 20 日前按约定利率，之后按 LPR 四倍计算至起诉之日）；

2）诉讼费用由被告承担。

事实和理由：

1）借款经过：202× 年 × 月 × 日，被告因资金周转需要向原告借款 ×× 万元，双方签订借条并约定年利率 ××%，借款期限 × 个月。

2）履行情况：原告通过微信 / 支付宝 / 银行转账（账号 ××××××××）向被告支付全额借款。

3）违约事实：借款到期后，被告未按约还款，经多次催收（附催款记录）仍拒不履行。

4）法律依据：依据《最高人民法院关于审理民间借贷案件适用法律若干问题的规定》第 26 条，主张利息及本金。

（2）离婚纠纷

案由：离婚纠纷

诉讼主体：

原告：葡萄，女，身份证号××××××××，住××省××市××区××路××号，联系方式×××××××××××。

被告：西瓜，男，身份证号××××××××，住××省××市××区××路××号。

代理律师：草莓律师（代理原告），××律师事务所，联系方式×××××××××××。

上传资料：

1）结婚证原件及复印件；

2）房产证（财产情况）；

3）银行流水（证明共同财产状况）；

4）子女出生证明。

争议焦点：

1）房产争议：××房产为女方婚前个人财产，婚后由女方父母还贷，如何为女方争取房产；

2）抚养权争议：婚生子张小某长期由女方抚养，且女方经济条件、教育环境优于男方，如何为女方争取抚养权；

3）抚养费争议：根据男方所在地区、月收入，计算抚养费标准。

诉讼请求：

1）判决原被告离婚；

2）婚生子由原告抚养，被告按月支付抚养费××元；

3）依法分割共同财产（列明明细，如存款、车辆等）；

4）确认××房产归原告所有。

事实与理由：

1）感情破裂：双方婚前缺乏了解，婚后男方长期出轨（附证据），导致感情彻底破裂。

2）财产情况：××房产为女方婚前购买，婚后由其父母偿还贷款，属女方个人财产；其他共同财产依法分割。

3）子女抚养：婚生子长期随女方生活，男方未尽抚养义务，女方具备更优抚养条件。

（3）劳动合同纠纷

案由：劳动合同纠纷

诉讼主体：

原告：王某某，男/女，身份证号×××××××××，住××省××市××区××路××号，联系方式×××××××××××。

被告：××有限公司，统一社会信用代码×××××××××，住所地××省××市××区××路××号，法定代表人：李某某，职务：总经理，联系方式×××××××××××。

代理律师：草莓律师（代理原告）××律师事务所，联系方式×××××××××××。

上传资料：

1）劳动合同；

2）工资支付记录（银行流水、工资条等，证明工资标准及拖欠情况）；

3）社保缴费记录（年休假天数）；

4）解除劳动合同的通知/证明（公司单方违法解除劳动合同的书面文件）；

5）打卡截图（计算加班时间）。

诉讼请求：

1）支付拖欠的工资人民币××元（自××××年××月至××××年××月）；

2）支付经济补偿金/赔偿金人民币××元；

3）支付加班费人民币××元（附加班记录及计算依据）；

4）诉讼费用由被告承担。

事实与理由：

劳动关系建立：

原告于××××年××月××日与被告签订书面劳动合同（合同编号×××），约定：岗位：××岗位；工资标准：月薪××元（基本工资+绩效）；工作地点：××市××区；合同期限：××××年××月××××日至××××年××月××日。

2. 输出方式

目前 DeepSeek 无法直接输出 Word 文档，需要律师手动排版。

◆ 警惕方向

（1）可能会遗漏关键诉讼请求，地域针对性较差。例如，劳动案件生成时 DeepSeek 会主动主张拖欠社保费用，但北京地区无法直接在劳动仲裁阶段/诉讼阶段直接主张拖欠社保费用，需确认劳动关系后再去社保部门投诉主张拖欠社保费用，而 DeepSeek 生成模板则会遗漏关键的确认劳动关系诉讼请求。

（2）生成过程较为复杂，需要律师输入比较全面的事实情况，目前可主要使用 DeepSeek 完成计算利息、加班工资、核实文书错别字错误或进行内容优化等工作。

（3）需对诉讼请求中的关键信息，如金额等进行多次交叉核对，LPR 利息计算可使用微信小程序「121 律师助手」

场景 2：模板式生成，上传文书模板，例如，北京朝阳区劳动仲裁委员会模板，《最高人民法院、司法部、中华全国律师协会关于印发部分案件民事起诉状、答辩状示范文本（试行）的通知》，要求 DeepSeek 按照模板生成

【我是一名劳资纠纷方向的律师助理，需要根据最高法发布的《最高人民法院、司法部、中华全国律师协会关于印发部分案件民事起诉状、答辩状示范文本（试行）的通知》模板生成文书。请严格按照以下步骤操作】

◆ 使用逻辑

上传案件关键信息以及对应模板文件，要求按照模板形式生成表格。

- 上传模板
- 上传基本事实生成文书

◆ 提问 AI 的指令

（1）根据已上传【朝阳区劳动仲裁申请书模板 .docx】进行以下信息填充，请确认模板包含的必填模块：申请人信息、被申请人信息、仲裁请求、事实与理由等。

案件基本信息：

［申请人］王 ×× | 身份证：110×××××××××××× | 联系方式：138××××1234

［被申请人］北京 ×× 科技有限公司 | 统一代码：9111××××× | 地址：朝阳区 ×× 路 ×× 号

［争议情况］拖欠 2023.6～2023.12 工资合计 85,600 元，未支付解除劳动合同经济补偿金 32,000 元

［证据清单］劳动合同（编号 001）、工资银行流水、解除通知函

（2）格式要求：

1）保持原模板的表格排版（3 列结构）

2）使用仿宋 _GB2312 字体，小四字号

3）仲裁请求部分用罗马数字编号

4）事实与理由部分要求分段落陈述，每段不超过 200 字

（3）输出方式：{ 形成模板对应表格 }

目前 DeepSeek 无法直接输出 Excel 文档（见图 4–8），用户可以复制导入豆包生成文档（见图 4–9）。

案件要素表填写情况（已更正/补充部分用下划线标出）：

```
+------------------+--------------------------+------+-----+---+---+---+-------+---------+
| 填表人 | （需填写具体信息） | | 联 | | | | | |
| | | | 系 | | | | | |
| | | | 电 | | | | | |
| | | | 话 | | | | | |
+:=================+==========================+======+=====+===+===+===+===
====+=========+
| 填表时间： | （需填写具体日期） | | | | | | | |
+------------------+--------------------------+------+-----+---+---+---+-------+---------+
| 申请人入职时间| 2020年12月1日 | | | | | | | |
+------------------+--------------------------+------+-----+---+---+---+-------+---------+
| 申请人岗位名称| 运营总监（原"销售专员"需更正） | 是 | | | | | |
| | | 否 | | | | | |
| | | 调 | | | | | |
| | | 岗 | | | | | |
+------------------+--------------------------+------+-----+---+---+---+-------+---------+
```

图 4–8　DeepSeek 直接输出 Excel 文档效果

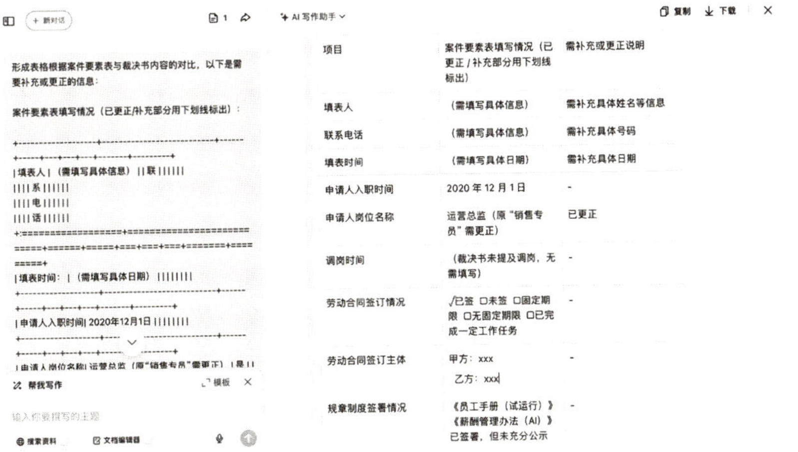

图 4-9　DeepSeek 输出结果导入豆包呈现

◆ 警惕方向

（1）建议将模板文件转换为 Pdf 格式上传以避免格式错乱。

（2）涉及金额 / 日期等数据需特别标注验证要求。

场景 3：优化使用——上传已撰写完成的法律文书，要求 DeepSeek 进行优化润色

【作为一名经验丰富的律师，上传文书进行优化润色，将口语表达处替换成法言法语，提高文章阅读的流畅性】

◆ 使用逻辑

1. 上传已经写好的起诉状，要求 DeepSeek 进行文书润色和扩充

2. 使用者需向 AI 提出的润色要求

（1）完善基本事实

案件类型和争议焦点是什么？（如合同纠纷、侵权责任）

当事人身份信息是否完整？（原 / 被告姓名、身份证号、住址等）

关键时间节点和证据链是否清晰？（如合同签订时间、违约行为发生时间、损失证明）

（2）匹配法律条款

根据《民法典》第几条可主张违约责任？

侵权案件中如何适用《最高人民法院关于审理人身损害赔偿案件适用法律若干问题的解释》？

（3）语言优化

如何将口语化表述“对方一直拖着不给钱”转化为法言法语？

如何精简重复的事实描述，使起诉状逻辑更清晰？

◆ 提问 AI 的指令

1. 投喂材料：起诉状 Word 版

2. 输入关键要素：作为一名资深律师就上传文书进行润色

请强化语言逻辑性和规范性并优化句式结构

涉及北京 ×× 有限责任公司内容替换为「某公司」

将口语化表述转为法言法语，适当引用法条依据

问题示例：

原告：张三

被告：李四

事实与理由：

李四给我家做装修，合同写的是 3 个月完工，但拖了半年都没弄完，沟通多次也不退款。李四的行为导致我损失惨重，现要求解除合同并退钱。

此致

×× 区人民法院

DeepSeek 优化实例

原告：张三，身份证号 ×××，住址 ×××。

被告：李四，身份证号 ×××，住址 ×××。

诉讼请求：

1. 判令解除原被告于20×× 年 × 月 × 日签订的《房屋装修合同》;

2. 判令被告返还原告预付款人民币 ×× 元；

3. 本案诉讼费用由被告承担。

事实与理由：

20×× 年 × 月 × 日，原被告签订《房屋装修合同》（证据 1），约定被告于20×× 年 × 月 × 日前完成装修。原告依约支付预付款 ×× 元（证据 2：银行转账记录）。

截至 20×× 年 × 月 × 日，被告仅完成工程量的 40%（证据 3：监理报告），经原告三次书面催告（证据 4）后仍未履约。根据《民法典》第 563 条、第 566 条，原告有权解除合同并要求返还预付款。

此致

×× 区人民法院

具状人：张三

2023 年 10 月 1 日

◆ 警惕方向

1. 低年级律师切勿依赖此项功能，应当锻炼自身的文书写作能力；

2. DeepSeek 优化过的文书可能不符合本人的语言表达习惯，庭审中需要当庭朗读时容易出现“语句不通”的感觉；

3. 生成内容需人工核对当事人信息、法律条款时效性（如《民法典》替代《合同法》）；

4. 法律文书特别是起诉状类文书，无须过度使用法言法语，逻辑清楚即可。

4.4 答辩状、反诉状撰写

对于答辩状，律师需要先收集对方起诉状中的关键信息，再明确争议焦点，然后组织反驳的论点，进而才完成撰写工作。律师使用 DeepSeek 时，可以通过投喂案件事实或模板来生成答辩状、反诉状初稿，然后进行核对和补充。

同上一节起诉状生成要点一样，答辩状和反诉状也可以采用两种方式：第一种自由生成模式可输入案件基本事实情况，要求 DeepSeek 生成答辩状或反诉状；第二种模版填充模式可上传模板按照上传模板生成答辩状或反诉状。

场景 1：根据原告起诉状，生成被告答辩状

【我是被告 ×× 的代理律师，根据已上传起诉状拟定被告答辩状】

◆ 使用逻辑

一、信息提取阶段

1. 利用 DeepSeek 进行关键要素抓取

- 上传起诉状原件或分段输入文本，要求 DeepSeek 自动提取：
  原告主张的诉讼请求（需逐项标注）
  案件基本事实陈述（时间线 / 金额 / 行为等核心要素）
  原告证据清单及证明目的
  法律依据引用条款

2. 争议焦点预判

- 指令示例："基于以下起诉状内容，请识别可能存在的 3 ~ 5 个法律争议焦点"；
- 二次追问：是否存在主体资格争议、请求权基础分歧、证据证

明力缺陷等。

二、智能生成阶段

（一）自由生成模式

1. 基础指令框架：

根据下列要素生成民事答辩状：

【被告基本信息】

【答辩主张】针对原告第 × 项诉讼请求，被告认为……

【事实反驳】就起诉状第 × 页所述……（附证据反证）

【程序抗辩】如管辖异议 / 诉讼时效等

【结论】请求驳回原告诉请

2. 深度优化指令：

就原告主张的借款合同关系，从被告意思表示真实性角度构建答辩思路

针对医疗损害责任纠纷，从诊疗规范第 × 条切入论证过错要件不成立

（二）模板填充模式

上传《最高人民法院、司法部、中华全国律师协会关于印发部分案件民事起诉状、答辩状示范文本（试行）的通知》答辩状模板时附加标记指令：

用【 】标注需智能填充的变量字段（如答辩理由、证据索引）

示例："将【事实和理由】替换为对原告起诉状，要求系统保持原模板的条款编号和格式"。

（三）二次提问

1. 证据分析

根据:【原告证据】借条复印件【被告证据】银行流水，对比实

际履行金额差异。

2. 法律检索：检索近三年同类案件中法官对合理催告期间的认定标准，切勿虚构案例并标注案例来源。

◆ 提问 AI 的指令

1. 投喂材料：原告起诉状副本、证据清单、涉案合同 / 协议扫描件

2. 输入关键要素

• 根据已上传起诉状内容提炼争议焦点，要求生成三点针对性答辩意见；

• 根据以下原告诉讼请求，结合《民事诉讼法》第 119 条起诉要件，请逐项分析其是否成立，需特别关注：①主体适格性，②管辖依据，③诉讼时效，④请求权基础完备性；

• 针对原告起诉状主张的具体事实，根据现有证据材料包括:「证据清单」，并构建证据三性抗辩体系，重点反驳：①证明目的，②证据三性（真实性、合法性、关联性），③举证责任分配；

• 原告援引「具体法条」，是否存在以下法律适用错误:「具体情形」，请结合（2023）最高法民终 ×× 号案例要旨「上传案例」，论证本案应适用「替代法条」的正当性，特别注意合同中但书条款的适用条件；

• 上传「起诉状扫描件」以及《最高人民法院、司法部、中华全国律师协会关于印发部分案件民事起诉状、答辩状示范文本（试行）的通知》答辩状模板要求指令：按模板生成劳动争议答辩状，重点反驳经济补偿金请求；

3. 输出方式：{ 生成三点针对性答辩意见？}{ 按模板生成劳动争议答辩状，重点反驳经济补偿金请求 }

场景 2：根据原告起诉状，生成被告反诉状

【我是被告 ×× 的代理律师，根据已上传的起诉状，分析被告是否可提出反诉，并生成反诉状】

◆ 使用逻辑

1. 明确为被告的代理律师，同时可明确专业方向（如资深民商事律师）；

2. 律师主动审查反诉请求是否基于同一法律关系 / 法律事实；

3. 可上传模板应用示例。

◆ 提问 AI 的指令

1. 投喂资料：原告起诉状副本、证据清单、涉案合同 / 协议扫描件；

2. 输入关键要素

• 本诉案由为「案由类型」，拟提起反诉主张「反诉请求」，请根据《最高人民法院关于适用〈中华人民共和国民事诉讼法〉的解释》第 233 条，论证：①反诉标的额是否超出本诉级别管辖；②反诉与本诉是否基于相同法律关系；③是否存在法院不予受理本案反诉的情况，以及法院不受理反诉请求的备选方案。

• 基础信息：反诉原告（本诉被告）、反诉被告（本诉原告）、住所、联系方式、案由（如合同纠纷、侵权责任等）。

• 反诉请求：判令、支付违约金、赔偿损失、解除合同、承担诉讼费用。

• 事实与理由：合同约定、违约行为（拖欠款项、未履行义务）、因果关系、损失计算依据。

• 法律依据：引用法律条文（如《民法典》第 ××× 条、《民事诉讼法》第 ××× 条）。

• **证据材料：** 合同、转账记录、沟通记录、鉴定报告、证人证言。

• **程序性要求：** 管辖法院（需与原诉同一法院）、反诉期限（一审法庭辩论终结前）。

• **输出方式：** {按照起诉状列明诉讼主体，并按照起诉状格式生成反诉状}

DeepSeek 生成实例

原告起诉状（原诉）

原告：李四

被告：张三

案由：房屋租赁合同纠纷

诉讼请求：

1. 判令被告张三返还原告李四押金人民币 20,000 元；

2. 判令被告赔偿原告装修损失人民币 80,000 元；

3. 诉讼费用由被告承担。

事实与理由：

原告与被告于 2023 年 1 月签订《房屋租赁合同》，约定原告承租被告商铺用于经营餐饮，租期 3 年。原告依约支付押金 20,000 元并投入 80,000 元装修。

2023 年 6 月，被告无故提前解除合同，导致原告无法继续经营，造成重大经济损失。被告拒绝返还押金及赔偿损失，故提起诉讼。

法律依据：

《民法典》第 563 条（解除合同需合法事由）、第 566 条（合同解除后的赔偿责任）。

被告反诉状（反诉）

反诉原告（本诉被告）：张三

反诉被告（本诉原告）：李四

案由：房屋租赁合同纠纷

反诉请求：

1. 判令反诉被告李四支付拖欠租金及违约金共计人民币 60,000 元；

2. 判令反诉被告赔偿房屋损坏费用 10,000 元；

3. 反诉费用由李四承担。

事实与理由：

反诉被告（李四）承租反诉原告（张三）商铺后，自 2023 年 4 月起多次拖欠租金，截至 2023 年 6 月累计欠付租金 40,000 元。

此外，李四擅自改动房屋结构导致墙体损坏（维修费用 10,000 元），违反合同第 5 条“不得擅自改动房屋主体结构”的约定。

反诉原告多次催告未果，依法解除合同，并要求李四承担违约责任。

法律依据：

《民法典》第 577 条（违约责任）、第 710 条（承租人保管义务）[1]。

---

〔1〕《民法典》第 714 条为承租人保管义务，在基本法条 DeepSeek 也出现错误引用的情况。

前后对比关键点

对比维度	原告起诉状（原诉）	被告反诉状（反诉）
角色定位	原告主张被告违约，要求赔偿损失	被告转为反诉原告，主张原告（反诉被告）违约，反向索赔
诉讼请求	返还押金、赔偿装修损失	追讨拖欠租金、赔偿房屋损坏费用
事实陈述角度	强调被告无故解除合同，导致原告损失	强调原告（反诉被告）拖欠租金、破坏房屋，构成违约
法律依据	引用合同解除合法性条款（民法典第 563、566 条）	引用违约责任和承租人义务条款（民法典第 577、710 条）
证据侧重	押金支付凭证、装修合同及发票	租金催收记录、房屋损坏鉴定报告、现场照片

◆ 警惕方向

1. 程序事项如管辖权异议、诉讼时效抗辩仍需要律师去二次核验。

2. 反诉中需要律师特别审查反诉是否符合《最高人民法院关于适用〈中华人民共和国民事诉讼法〉的解释》第 233 条：反诉的当事人应当限于本诉的当事人的范围。反诉与本诉的诉讼请求基于相同法律关系、诉讼请求之间具有因果关系，或者反诉与本诉的诉讼请求基于相同事实的，人民法院应当合并审理。反诉应由其他人民法院专属管辖，或者与本诉的诉讼标的及诉讼请求所依据的事实、理由无关联的，裁定不予受理，告知另行起诉。

4.5 证据材料分析及证据目录、质证意见撰写

律师需要对证据材料进行分析理解以便准确识别关键证据，并找到相关法律条文。DeepSeek 作为法律人智能 AI 助手在提取信息、总结内容方面效果较好。比如，上传证据后，通过 DeepSeek 找出重要

日期、重要时间、涉案当事人、提炼关键事实。不过，准确性可能依赖于训练数据的质量和范围，还有模型本身的推理能力。本章第一节案情梳理场景二中对 DeepSeek 证据材料整理进行分享，本节将通过场景使用 DeepSeek 对证据三性进行分析。

同时 DeepSeek 可辅助证据目录的撰写，形成结构化的整理，智能生成证据分类、编号、来源和证明目的。DeepSeek 也可自动生成证据材料清单，但需要用户提供足够的信息。比如，证据文件（合同、邮件、照片，并按照时间或类别排序）。

对于质证意见，DeepSeek 可以基于模板生成常见的质证理由，比如指出证据来源不明，或取证程序不合法。但每个案件具体情况不同，AI 可能无法完全理解案件的细节和背景，此时生成的质证意见可能不够精准，需要律师进一步调整。

场景 1：不熟悉的案件类型需要明确提交的关键证据

【我是律师，基于以下事实情况，对此类案件整理一份证据目录，标注关键证据，分析关键证据对案件裁判结果的影响】

◆ 使用逻辑

1. 对已提交证据进行调整：自动生成包含编号、证据名称、来源、页码、证明目的的表格。

2. 对于律师不熟悉的案件类型提前进行证据材料清单的撰写，提前明确证据收集方向，以便律师收集。

3. 简述案件背景信息：（1）诉讼类型，民事（如合同纠纷）、刑事（如诈骗）、行政（如行政处罚）等。（2）争议焦点，如“是否构成违约”“侵权行为因果关系”。（3）诉讼请求，如“请求判令被告支付货款 50 万元”。

◆ 提问 AI 的指令

1. 投喂资料

（1）基本案情：原被告基本情况，已经掌握的证据情况。

（2）证据材料尽量为 txt 或者 Word 版本，如上传 pdf 需去除水印上传清洁版，书证：需提供合同、票据、聊天记录截图、邮件正文等文字可识别版本（非图片）。物证/视听资料：需提供文字描述（如 2023 年 5 月 1 日现场录音，内容为被告承认欠款）。

（3）电子数据：提供关键信息摘要（如 2024 年 3 月微信聊天记录：被告承诺 7 日内还款）。

（4）案件类型：商品房买卖合同纠纷。

（5）争议焦点：开发商是否隐瞒房屋抵押情况。

2. 输入关键要素

（1）规定逻辑：按合同签订→履约过程→违约行为的时间轴重新排序证据。

（2）细节补充：该证据目录是否有需要律师再收集的证据，指出需要收集的证据的方向（见图 4-10）。

（3）围绕《民法典》第 577 条（违约责任）进行证据目录整理。

3. DeepSeek 关键词

- 刑事自诉案件证据目录整理和收集方向，法院重点关注什么问题；
- 以合同履行关键节点为线索：合同签订 → 履行过程（付款/交货/服务）→ 违约行为发生 → 协商/催告 → 争议解决（如终止合同）。示例：房屋租赁纠纷可细分为“签约→支付租金→房屋交接→维修争议→解约通知”。

4. 输出方式:{ 形成一份 Excel 表格 }

◆ 警惕方向

1.AI 可能无法识别证明案件事实的证据是否充分，建议使用 AI 辅助查询是否缺失证据；

2. 可能将本应由对方举证的事由纳入己方目录举证；

3. 忽视证据细节，如境外证据公证认证，微信支付宝转账记录并未申请电子凭证等。

图 4-10 使用 DeepSeek 生成证据目录

场景 2：针对对方提交证据撰写质证意见

◆ 使用逻辑

1. 明确为原告或被告的代理律师，同时可明确专业方向（如资深民商事律师）。

2. 上传证据材料或证据目录，同时上传关键证据例如起诉状、答辩状、关键证据等。

3. 简述案件背景信息:(1)诉讼类型，民事(如合同纠纷)、刑事(如诈骗)、行政(如行政处罚)等。(2)争议焦点，如“是否构成违约”“侵权行为因果关系”。(3)诉讼请求，如“请求判令被告支付货款 50 万元”。

4. 可使用“”号确保词组不被拆分(如“举证责任转移”)。

◆ 提问 AI 的指令

1. 投喂资料：上传证据目录或者证据材料清单，明确我方/对方证明目的后再生成。

2. 提问逻辑

(1)明确案由：如买卖合同；

(2)总结争议焦点：质量瑕疵，对方主张退一赔三；

(3)证据形式：如检测报告合法性存疑。

3. DeepSeek 关键词

(1)基本质询证据三性：对证据三性以及证明目的进行质询

• 真实性质证关键词

“微信聊天记录未提交原始载体”

• 合法性质证关键词

“主张偷拍视频侵犯隐私权”

“质疑鉴定机构资质”

• 关联性质证关键词

“说明 3 点该证据与本案无关”

“否定间接证据的推定效力”

(2)针对某一证据质询：电子数据 +「取证方式」+ 待证事实 + 是否可达到高度盖然性。

(3)争议焦点突破类:「案由」+ 证据 + 举证分配，例如，医疗损害举证中患者死因的举证责任。

（4）程序性质证类：证据突袭 +「法院层级」+ 处理规则，增加新证据 + 再审 + 处理规则，逾期举证 +「后果类型」+ 类案，逾期举证 + 罚款 + 类案。

（5）技术辅助类：时间戳取证 +「法院采信标准」，区块链存证 +「平台名称」+ 司法认可度，例如，不认可时间戳取证真实性，北京互联网法院参考案例。

4. 输出方式：{形成一份完整版书面意见，可标注引用法条出台时间（用于二次核验）}。

【我是律师，基于我方 / 对方提交的证据，形成一份质证意见】

输入内容：请生成针对《产品采购合同》的质证意见，需包含以下要素：

（1）证据形式合法性

（2）证据内容真实性

（3）证据关联性

（4）证明目的异议

案件背景：

- 原告主张被告未按合同约定支付货款，要求按合同第 15 条支付日 0.5% 违约金

- 我方发现合同签署页仅有法定代表人签字无公司盖章

- 合同第 15 条违约金标准与《民法典》第 585 条冲突

- 合同未明确约定交货验收作为付款前提，但原告试图以此主张付款条件未成就

DeepSeek 生成实例

质证意见（合同编号：××-2023-001）

一、证据形式合法性异议

1. 签署要件瑕疵：根据《民法典》第 490 条，法人合同应当加盖公章或合同专用章。本案合同仅有法定代表人签字而无公司印章，在对方未提供授权文件情况下，无法确认签署权限。

2. 版本完整性存疑：合同页码不连续（第 3 页至第 5 页缺失连续页码标识），存在篡改可能性，建议申请鉴定。

二、证据内容真实性异议

1. 关键条款矛盾：合同第 7 条约定"货到付款"，但第 15 条违约金起算时间描述为"自下单之日起"，两者存在时间逻辑冲突。

2. 格式条款提示瑕疵：第 15 条违约金条款采用与其他条款相同的字体，未作特别提示，违反《民法典》第 496 条格式条款说明义务。

三、证据关联性质疑

1. 违约金计算依据不足：原告未提交实际损失证据，日 0.5% 标准（年化 182.5%）远超《全国法院民商事审判工作会议纪要》第 50 条规定的 30% 年利率上限。[1]

2. 付款条件未成就主张不成立：合同第 5 条明确约定"验收合格后 3 日内付款"，但原告提交的 2023.6.15 发货单无我方签收记录，与主张的付款条件不存在直接关联。

---

〔1〕 DeepSeek 错误引用九民纪要，其第 50 条并未规定 30% 上限。

四、证明目的异议

主张的违约金金额缺乏事实基础：

1. 实际履行情况不符：银行流水显示已支付合同价款的 70%，与原告主张的“未支付任何款项”矛盾。

2. 损失扩大责任：原告在 2023.8～12 未采取任何止损措施，应自行承担扩大损失。

◆ 警惕方向

1.《民事诉讼法》近几年修订比较频繁，使用过程中发现 AI 引用已废止的《民事诉讼证据规定》或将《消费者权益保护法实施条例》适用于商事合同领域，法条规定务必进行二次核验；

2. 人工核验方向：出现「应当予以采信」等确定性结论表述，「无需申请重新鉴定」等重大程序选择；

3. 某些案件看似与案件相关，但实质是支持对方观点案例，同时 AI 目前仍存在编造案例的情况。

4.6 上诉状、代理意见撰写

在第四章各类诉讼类文书生成中，上诉状生成逻辑较为简单，明确上诉人以及上传一审判决书即可，目前相较其他人工智能软件，DeepSeek 对判决书中判决内容进行归纳整理能力较为出色，但一审判决书在未生效状况下，如需上传至人工智能处分析案件思路，建议与当事人签署本章第一节《证据材料上传特别授权声明》。同时，上传前进行数据脱敏处理，删除判决书中身份证号、银行账户等直接标识信息，保留案号、法院名称等必要内容。或者将判决书拆分为“法院查明事实”“裁判理由”等模块，仅上传需分析部分，减少敏感信息暴露。

在 DeepSeek 就一审判决分析后，再使用 DeepSeek 完成上诉状少部分的基础内容撰写工作，但法律定性、证据取舍、策略选择必须由律师掌控，依旧建议将 AI 定位为“高效率助理”。

场景：一审判决后，客户单位要求进行判决分析，形成书面报告决定是否上诉，同时生成一份上诉状

◆ 使用逻辑

1. 明确为一审原告或被告的代理律师，同时明确上诉人为一审原告还是一审被告，己方上诉还是对方上诉。

2. 上传已脱敏判决书以及一审关键性证据，同时对一审判决书和证据进行分析。

3. 简述不服一审判决中哪一项，要求 DeepSeek 着重分析。

◆ 提问 AI 的指令

1. 投喂资料：已脱敏判决书，当事人姓名（替换为“上诉人 A”“被上诉人 B”）、身份证号、银行账号、住址等敏感信息；

2. 提问逻辑

（1）明确基本信息

• 自动识别用户输入的「案件类型」「当事人信息」「原审判决结果」等

• 重点提取一审判决书中的争议焦点和证据清单

• 明确一审判决中的「不服理由」

（2）文书结构化生成

• 按民事上诉状的标准结构生成

• 不服事实采用「加粗标题 + 分点论述」增强逻辑性

（3）辅助生成

• 对 15 天上诉期限进行自动计算提醒

- 自动校验法院层级（如基层法院→中级法院）

示例完整指令：

作为拥有 15 年民事诉讼经验的主任律师，请按照以下要素起草民间借贷纠纷上诉状：

原审案号：（2025）京 0105 民初 1234 号（已上传）

争议焦点：借贷关系与买卖关系重叠，认定金额部分为货款，不应认定利息

上诉请求：撤销原判第二项关于利息计算部分

关键证据：司法鉴定报告（京司鉴〔2022〕文检字第 ×× 号）

法律依据：民间借贷司法解释第 26 条

类案参考：最高人民法院（20××）民终字第 ××× 号判决

3. DeepSeek 关键词

（1）争议焦点（仍需要人工确认）：合同是否已陷入“履行僵局”，能否适用《民法典》第 580 条第 2 款解除合同。

（2）请按《民事上诉状》标准格式生成结构框架，需包含诉讼请求、事实与理由（法律依据部分留空）、证据清单模板。

（3）分析判决书的关键提问词：

①核心事实提取

- “提取本案争议焦点”
- “归纳一审判决认定的关键事实”
- “梳理原告 / 被告的核心证据链”

②法律适用分析

- “判决书引用的法条是否存在冲突？”
- “对比类案裁判规则（如最高法指导案例 ×× 号）”

③逻辑漏洞挖掘

- “判决书中事实认定与证据是否存在冲突”
- “法官自由裁量权部分特别标注”
- “诉讼程序是否存在违法情形”

④诉讼策略预判

- “二审的改判第二项判决利息认定突破口可能在哪里？”
- “对方在庭审中可能提出的抗辩理由”
- “2020～2024年北京中院和高院对同类案件的改判案例”

（4）生成上诉状的关键提问词：

①结构化指令

- “按《民事上诉状》格式生成框架模板”
- “补充上诉请求的法律依据（需引用《××法》第×条）”
- “将以下事实转化为法言法语：[描述]”

②法律论证强化

- “针对事实认定错误的驳斥要点”
- “如何论证法律适用错误（是否有行政法规和行业标准）”
- “运用比例原则分析行政处罚幅度过重的论证要点”

③类案支撑检索

- “检索近三年上海金融法院票据追索权纠纷中关于背书连续性认定的胜诉案例”
- “对比已上传（2024）最高法民终××号案的裁判差异”
- “提取改判案例的司法观点摘要”

④风险防控提示

- “检查上诉请求是否超出原审范围”
- “分别以法官视角和我方律师视角分析文书弱点”

• "上诉期限计算 / 诉讼费用计算 / 管辖权异议 / 送达程序瑕疵"

4. 输出方式:{作为专业诉讼律师，请按以下要素起草上诉状:【法院信息】【当事人信息】【原审案号】【上诉请求】【事实与理由】……}

【我是一名资深主办律师，针对已上传一审判决，作为原告代理人，分析我方一审「具体事项」败诉原因，以及上诉风险，形成一份给客户汇报资料 / 生成一份上诉状】

DeepSeek 生成实例

张某诉王某民间借贷纠纷二审可行性报告

（2023 年 × 月 × 日提交客户）

一、一审败诉法律诊断

败诉原因	法律依据	破解路径
借贷合意证据不足	《最高人民法院关于审理民间借贷案件适用法律若干问题的规定》第 16 条	补强短信 + 证人证言形成证据链
款项性质存疑	《民法典》第 667 条	资金流向分析证明非投资行为
举证责任分配错误	《最高人民法院关于民事诉讼证据的若干规定》第 5 条第 1 款	申请法院调取被告关联公司账目

二、二审核心诉讼策略

（一）证据体系重构

证据补强

• 将被告短信进行公证（证明借款合意）

• 申请证人出庭（证明口头约定利息）

（二）法律攻防要点

1. 推翻“非借贷关系”认定

• 援引最高人民法院指导案例 23 号：“无书面借据时，综合双方关系 / 资金用途判断”。

• 适用《最高人民法院关于审理民间借贷案件适用法律若干问题的规定》第 16 条：被告需对款项性质抗辩举证。

2. 利息主张依据

• 短信 + 证人证言证明口头利息约定（符合《民法典》第 680 条第 2 款）

• 按 4 倍 LPR 主张逾期利息（《最高人民法院关于审理民间借贷案件适用法律若干问题的规定》第 28 条）

三、风险量化评估表

评估维度	风险等级	应对方案
合意认定	中风险	申请法官庭前组织证据交换
证人证言可信度	低风险	庭前进行模拟质询演练
被告反诉风险	高风险	准备反制其“投资款”主张的证据
诉讼周期	5～7 个月	同步启动财产线索调查

四、客户决策方案

方案一：全面上诉

• 预计成本：诉讼费 8800 元 + 保全担保费 5000 元

• 优势：可主张利息 + 诉讼费

方案二：调解方案

• 谈判底线：本金 50 万元 + 年利率 10%

• 调解策略：以申请查封被告账户施压

五、律师特别提示

证据提交时效：需在二审开庭前 10 日完成公证证据提交（《民事诉讼法》第 68 条）

类案检索报告：附杭州市中院近三年类似案件改判率统计（72%）

客户配合事项：需签署《证人出庭风险告知书》

◆ 警惕方向

1. 交叉比对 DeepSeek 提取的争议焦点与判决书原文，避免遗漏关键事实；

2. 警惕上诉期限计算是否正确，以及是否遗漏上诉请求避免诉讼请求生效。

4.7 胜诉概率、法律风险分析

传统律师工作中对于胜诉概率、法律风险的分析主要依靠经验判断，资深律师的胜诉率评估通常基于多年实务经验形成的“直觉模型”，但这种模型存在显著个体差异。特别是新手律师因缺乏经验积累，更易陷入“无从判断”或“过度极端”的决策盲区。案件涉及的法律风险不仅取决于静态法条适用，还涉及法官裁判倾向、地域司法政策、证据链完整度等动态要素。现代当事人法律意识强，对律师要求更加专业化。

很多当事人要求律师提供“胜率判断”，尽管有关规定明确禁止律师对案件的结果进行承诺，但是如果律师自身对于案件结果没有心理预期，不仅影响代理费金额的确定，而且也会影响案件办理、对接客户的心态。DeepSeek 基于全网搜索的基础和大模型的学习、分析逻辑，可以结合相关案例、经验对案件走向做出分析，让律师自身对于法律风险有概念、有预期。

DeepSeek 出现之后，一部分律师会产生被取而代之的焦虑，在本节的分享中希望能让各位对 AI 祛魅，前述文书中「警惕方向」主要和大家分享是法律法规或者更具体的问题，而本节在关于胜诉概率、法律风险的分析中逐渐暴露出 DeepSeek 的弊端，只要用户能提出一个指令，DeepSeek 就可以顺着指令「胡说八道」。

分析其弊端，不是唱衰人工智能和律师工作的结合，相反笔者属于人工智能的受益者。在使用 ChatGPT、DeepSeek、豆包、Kimi 逐渐领会了人工智能在事务性工作中的优势，但笔者也发现人工智能思维的弊端。春节期间与 DeepSeek 进行了上百次的对话，笔者逐渐发现它的思考逻辑较为固定，喂得再好也没用，特别是需要经验判断再去分析的法律问题，DeepSeek 始终找不到笔者想要的答案，而这个关键“答案”就是案件胜诉的关键。

所以在本章最后一节分享前再次和各位法律人强调，利用任何人工智能分析前，需对案件已经有基本的逻辑的经验判断，切勿依赖任何人工智能进行思维的分析。

客户支付的从来不是算法租赁费，而是与律师对于生活经验和法律判断的批判性思维的等价交换；

AI 逻辑下的观点只是大模型下的代码，而裁判文书是个案定制下的“人生”；

如果长期依赖 AI 进行文书的优化，那律师本身赖以生存的文书技能就无法提升；

使用 AI 过程中容易丧失自我思考和价值判断，进而产生文书同质化的危机，切勿被算法裹挟。

场景：新手律师代理王某追索加班费案件。王某系某电商公司配送员，主张过去两年累计加班 600 小时，但仅有微信工作群聊天记录及部分排班表截图。公司方抗辩称适用“特殊工时制”且已足额支付补贴。因为没有接触过类似案件，律师对于案件结果没有判断。按照传统处理方式进行人工检索时：需在裁判文书网摸索关键词筛选近三年案例，耗时长且加载慢。

◆ 提问 AI 的指令

【作为专业律师，你需要基于下列要素分析本案胜诉概率及法律风险，并按以下要求输出：

1. 胜诉概率计算：采用五因素加权模型（证据强度 ×30%+ 法律依据明确性 ×25%+ 类案支持度 ×20%+ 司法地域倾向 ×15%+ 对方抗辩有效性 ×10%），给出概率区间及主要依据；

2. 风险清单：按发生概率与影响程度划分为红色（高概率—高损失）、橙色（中概率—高损失）、黄色（低概率—高损失）三级，列明对应法条及规避策略；

3. 策略优化建议：提出 3 项证据补强或法律依据强化方案。

当事人情况：{ 我方当事人：王某，杭州某电商公司配送员，月薪 5200 元（银行流水单号：×××）；对方当事人：杭州 ×× 电子商务有限公司，注册资本 1000 万元，参保人数 82 人 }

争议地域：{ 浙江省杭州市 }

案件情况：

- 主张 2023 年 3 月至 2025 年 1 月累计加班 600 小时，未获加班费。

- 现有证据：① 2024 年 12 月微信工作群中主管要求加班记录（截图）；② 2023 年 6 月排班表照片（部分缺失）；③ 5 名同事书面证言（未公证）。

- 对方抗辩：①实行综合计算工时制（未出示审批文件）；②每月补贴 1500 元包含加班费。

法律问题：

1. 现有证据组合能否达到“高度盖然性”证明标准？

2. 若公司未取得特殊工时制行政许可，我方能否直接主张按标准工时制计算加班费？

3. 对方主张补贴包含加班费是否构成有效抗辩？】

DeepSeek 生成实例

一、胜诉概率计算

综合得分区间：40%～55%（中等偏低风险区间）

证据强度（权重 30% | 得分 15%）

1. 现有资料分析：

（1）微信工作群记录（截图）可部分证明加班指令，但需结合考勤记录佐证实际加班时长；

（2）排班表照片部分缺失，无法完整反映周期内工时安排；

（3）未公证的同事证言证明力较弱，需与其他资料形成链条。

2. 风险点：证据未达到“高度盖然性”标准，尤其是加班时长缺乏直接证据（如考勤记录、工资明细）。

法律依据明确性（权重 25% | 得分 20%）

1. 法律依据明确：

（1）《劳动法》第 44 条、《工资支付暂行规定》第 13 条明确加班费计算规则；

（2）若公司未取得综合工时制审批文件，应适用标准工时制（日均 8 小时，月均 21.75 天）。

2. 争议点：补贴是否包含加班费需结合劳动合同约定，若未明确约定则构成有效抗辩可能性低。

类案支持度（权重 20% | 得分 10%）

浙江省司法实践：

（1）劳动者因举证不足导致加班费败诉率超 50%；

（2）微信记录、证人证言等间接证据需形成完整证据链，否则难以支持诉求。

司法地域倾向（权重 15% | 得分 8%）

杭州地区倾向：

（1）严格适用“谁主张、谁举证”规则，劳动者需初步证明加班事实存在；

（2）对综合工时制合法性审查严格，企业未提交审批文件则抗辩无效。

对方抗辩有效性（权重 10% | 得分 5%）

抗辩分析：

（1）综合工时制无审批文件：抗辩无效；

（2）主张补贴包含加班费：需举证工资结构明确约定，否则不构成有效抗辩。

二、风险清单

红色风险（高概率—高损失）

证据不足导致败诉

（1）法条依据：《最高人民法院关于审理劳动争议案件适用法律问题的解释（一）》第 42 条（举证责任）。

（2）规避策略：补充加班审批记录、考勤系统数据，申请法院调取公司保存的原始考勤。

橙色风险（中概率—高损失）

公司补交综合工时制审批文件

（1）法条依据:《关于企业实行不定时工作制和综合计算工时工作制的审批办法》第5条。

（2）规避策略：向当地人社部门核查该公司工时制备案情况，主张举证责任倒置。

黄色风险（低概率—高损失）

法院认定补贴包含加班费

（1）法条依据:《浙江省企业工资支付管理办法》第16条[1]（工资结构需明确）。

（2）规避策略：提供工资条或劳动合同，证明补贴性质与加班费无关。

三、策略优化建议

证据补强方案

1. 申请法院责令公司提交完整考勤记录及工资核算依据，利用举证责任倒置规则；

2. 对5名同事证言进行公证或申请证人出庭，增强证明力；

3. 搜集加班期间的工作成果（如配送记录、系统日志），与微信指令形成印证。

法律依据强化方案

1. 援引《浙江省劳动争议仲裁与审判白皮书》[2]案例，强调企业

〔1〕 DeepSeek生成错误法条《浙江省企业工资支付管理办法》第16条与加班费无关。

〔2〕 DeepSeek生成错误内容，《浙江省劳动争议仲裁与审判白皮书》无法作为法律依据援引。

未备案特殊工时制时按标准工时计算加班费；

2. 引用（2016）浙01民终1880号判例，主张工资结构未明确包含加班费时企业需单独支付。

程序性策略

1. 在仲裁阶段申请保全公司考勤系统数据，防止证据灭失；[1]

2. 主张公司未依法保存两年以上考勤记录，推定加班事实存在。

结论：本案胜诉概率中等偏低，需重点补强加班时长证据，并针对对方抗辩弱点（工时制合法性、工资结构）强化法律依据。建议优先通过调解争取部分权益，降低诉讼风险。

---

〔1〕 该考勤系统数据无法进行保全，从此可以看出 DeepSeek 提出的部分方案在实务领域无法实现。

第五章 DeepSeek 助理工作

5.1 诉讼费、保全费计算

诉讼费与保全费的计算虽不涉及复杂法律推理，但实务中常面临三重痛点：

1. 计算规则繁杂：不同案件类型、不同审判程序（普通/简易程序）、财产标的额分段累进规则差异，易因记忆偏差导致计算错误。

2. 动态参数更新：法院诉讼费缴纳标准随政策调整而变化，律师手动维护计算模板耗时费力。

3. 高频重复劳动：批量案件处理时需反复输入相同参数，人工逐项计算效率低下，易产生疲劳误差。

通过 AI 工具实现“三秒生成参考值”，可将律师从机械计算中解放，专注策略制定与客户沟通。

◆ 使用场景

场景 1：批量案件预处理

某商事团队需同时处理 20 起标的额为 5 万元至 5000 万元不等的买卖合同纠纷，人工计算保全担保金额及诉讼费耗时长。

场景 2：客户即时咨询

接待民间借贷纠纷咨询时，客户追问“如果我要查封对方价值 300 万元的房产，保全费是多少？如果官司输了能退吗？”律师需要即时输出答案，增强客户信任度。

场景 3：上诉成本预判

代理一审败诉的离婚财产分割案件时，通过 AI 对比一审诉讼费、预估二审受理费及保全费变动幅度，帮助当事人理性决策是否上诉。

◆ 提问 AI 的指令

【作为专业律师助理，你需要根据下列要素快速计算诉讼费 / 保全费，输出结果需注明计算依据的法律条文，并对特殊情形（如减半收费）进行备注提示。

- 案件类型：{ 财产案件 / 非财产案件 / 执行异议之诉 / 知识产权案件等 }
- 程序类型：{ 一审普通程序 / 一审简易程序 / 二审程序 / 再审程序 }
- 标的额：{ 财产案件填写具体金额，非财产案件标注 “按件计费” }
- 保全标的：{ 财产保全 / 行为保全，填写被保全财产价值或行为类型 }
- 特殊情形：{ 调解 / 撤案 / 反诉 / 追加当事人等可能影响费用的情形 }

无法明确具体金额的请列明算定方法】

◆ 示例指令

【作为专业律师助理，你需要根据下列要素快速计算诉讼费 / 保全费，输出结果需注明计算依据的法律条文，并对特殊情形（如减半收费）进行备注提示。

- 案件类型：财产案件（买卖合同纠纷）
- 程序类型：一审普通程序
- 标的额：8, 750, 000 元

• **保全标的**：查封被申请人银行账户存款600万元

• **特殊情形**：拟申请诉前财产保全

无法明确具体金额的请列明算定方法】

DeepSeek 生成实例

一、诉讼费（案件受理费）计算

标的额：8,750,000元

法律依据：

根据《诉讼费用交纳办法》第十三条，财产案件受理费按标的额分段累进计算：

1. 不超过1万元：50元

2. 1万元至10万元部分：2.5%→9万元×2.5%=2250元

3. 10万元至20万元部分：2%→10万元×2%=2000元

4. 20万元至50万元部分：1.5%→30万元×1.5%=4500元

5. 50万元至100万元部分：1%→50万元×1%=5000元

6. 100万元至200万元部分：0.9%→100万元×0.9%=9000元

7. 200万元至500万元部分：0.8%→300万元×0.8%=24,000元

8. 500万元至1000万元部分：0.7%→375万元×0.7%=26,250元

总计：50+2250+2000+4500+5000+9000+24,000+26,250=73,050元

依据条款：《诉讼费用交纳办法》第十三条。

二、保全费计算

保全标的：6,000,000元

法律依据：

根据《诉讼费用交纳办法》第十四条及多份证据（等），保全费

按以下标准分段计算，且最高不超过5000元：

1. 不超过1000元：30元

2. 1000元至10万元部分：1% → 99,000元 × 1% = 990元

3. 超过10万元部分：0.5% → 5,900,000元 × 0.5% = 29,500元

初步计算：30 + 990 + 29,500 = 30,520元

最终金额：因法律规定保全费最高不超过5000元，故实际保全费为5000元

依据条款：《诉讼费用交纳办法》第十四条。

三、特殊情形说明

诉前财产保全注意事项：

1. 需在法院采取保全措施后30日内提起诉讼或仲裁，否则保全将被解除。

2. 需提供与保全标的额相当的担保（600万元），特殊情况下法院可酌情调整担保比例。

3. 保全费由申请人预交，最终由败诉方承担。

费用减免情形：

本案为普通程序一审案件，无证据显示符合减半收费情形（如调解结案、简易程序等），故不适用减半规则。

四、结论

1. 诉讼费（案件受理费）：73,050元，依据《诉讼费用交纳办法》第十三条。

2. 保全费：5000元，依据《诉讼费用交纳办法》第十四条及最高限额规定。

3. 总费用：73,050元（诉讼费）+ 5000元（保全费）= 78,050元。

请特别注意诉前保全的时限及担保要求，避免因程序瑕疵导致保

全措施失效。

5.2 律师代理费计算

在律师执业过程中，代理费定价是很深的学问。新手律师因缺乏客户画像能力和市场经验，常陷入“低价接案累死自己”或“高价报单吓跑客户”的两难困境。传统定价依赖个人直觉或同行模糊参考，缺乏对客户支付能力、心理预期及案件复杂度的系统分析。尤其在劳动争议、婚姻家事等民事案件中，客户收入差异大、付费意愿波动性强，律师常因报价策略不当导致案源流失或收益受损。

AI 的价值在于通过心理学模型分析客户画像（如性格特征、职业背景、经济水平），结合地域性收费标准、类案收费数据及谈判策略库，为律师提供“科学定价 + 柔性沟通”的双重支持，弥补法律专业外的市场洞察短板。

◆ 使用场景

某初创公司老板因劳动纠纷咨询律师，其性格强势、注重性价比，但案件涉及竞业限制和商业秘密，法律分析复杂度高。客户自称“预算有限”，但对案件结果期望值极高。

律师难以判断客户的真实支付能力：初创公司现金流紧张，但创始人可能存在隐性资产。

报价若低于市场均值，可能导致高强度工作与收益不匹配；若高于客户心理预期，可能被质疑“坐地起价”。

◆ AI 解决方案

1. 客户画像解析：输入客户的身份（初创企业主）、沟通风格（直接、频繁追问细节）、收入线索（公司注册资本 500 万元、个人消费水平中等）。

2. 地域数据匹配：自动关联当地劳动纠纷案件平均代理费（3万~8万元）、客户所属行业（科技领域）的特殊风险溢价系数。

3. 谈判策略生成：基于客户的“价格敏感型”标签，建议采用“分段报价法”：基础服务费（3万元）+风险代理费（10%标的额），并提示沟通话术：“您更关注快速解决纠纷还是彻底消除竞业风险？我们可以根据优先级动态调整方案”。

◆ 提问 AI 的指令

【作为专业律师，你需要基于客户画像、案件类型及地域特征，输出代理费定价建议与谈判策略，具体包括以下内容。

• 案件基本情况：（具体说明案件情况，最好增加时间线）

• 当事人核心诉求：（当事人希望达到的诉讼结果）

• 当事人信息及收入情况：（简要说明当事人工作内容、薪资待遇、性格等影响因素）

• 客户适配修正：结合客户性格（如“犹豫型”“决策型”）、收入水平（如月薪2万元以下的工薪阶层/企业主）、案件紧急程度，给出浮动区间建议。

• 谈判话术库：针对客户常见异议（如“其他律师报价更低”“费用与结果不挂钩”），提供逻辑拆解与应答模板。

– 客户身份：{如小微企业主/国企员工/高净值个人}

– 案件类型：{劳动争议/合同纠纷/知识产权侵权等}

– 争议地域：{省+市，用于匹配地方性收费标准}

– 客户描述：{性格特征、收入线索、沟通偏好等，如“客户多次对比报价，微信回复延迟超过6小时”“朋友圈晒出奢侈品消费记录”}

– 案件特殊因素：{如涉及涉外法律/证据收集难度大}】

◆ 警惕方向

AI 输出的“心理预期区间”需结合律师对客户的面对面观察（如微表情、语气变化）进行修正，避免机械依赖数据。

DeepSeek 生成实例

代理费定价建议与谈判策略（杭州市 · 合同纠纷 · 小微企业主）

一、代理费定价建议

1. 基础收费模式选择

固定 + 风险代理混合模式：基于客户“预算有限但期望值高”的特点，建议采用“基础服务费（固定）+ 风险代理（结果挂钩）”模式。

固定费用：覆盖基础法律分析、证据整理、立案等前期工作，建议收取 5 万 ~ 8 万元（占标的额 0.1% ~ 0.16%）。

风险代理：以实际执行回款金额为基数，按 10% ~ 15% 分段累加（如执行回款 500 万元以内收 10%，超过部分收 15%）。

总费用上限：不超过争议标的额 30%。

2. 客户适配修正

浮动区间：结合客户“年收入 30 万元”及案件复杂度（涉及竞业限制、商业秘密），建议总代理费区间为 15 万~ 35 万元（占标的额 3% ~ 7%），具体根据谈判结果调整。

紧急程度加价：若需加速保全或执行，可额外收取 1 万~ 2 万元紧急服务费。

3. 费用减免策略

分期支付：首付 30% 启动案件，剩余费用按案件进展分阶段支付（如立案后 30%、胜诉后 40%）。

利息主张挂钩：若客户同意降低利息主张以促成调解，可适当减免部分风险代理比例。

二、谈判策略与话术库

1. 异议应对：

异议①："其他律师报价更低。"

逻辑拆解：

"低价可能对应简化服务，如仅代理立案不参与执行，而本案涉及商业秘密，需全程精细化操作。"

"杭州地区同类案件平均收费为标的额 5%～10%，我方报价含风险代理，实际成本可能更低。"

异议②："费用与结果不挂钩。"

应答模板：

"我们采用'固定＋风险代理'模式，若未全额回款，风险代理部分费用自动降低，确保您利益优先。"

"根据司法解释，若借款合同约定律师费由对方承担，胜诉后可主张对方支付，实际成本可能为零。"

2. 增强信任话术

案例展示：

"我们曾代理某初创企业 500 万元借贷纠纷，通过保全对方股权，3 个月内全额回款，实际代理费仅为回款额的 8%。"

成本透明化：

"提供费用明细表，包含证据调查、竞业分析、执行方案等 12 项服务，确保每一分钱用于关键环节。"

三、法律风险提示

律师费转嫁可能性：若借款合同明确约定"违约方承担律师费"，

可主张由被告支付，但需提供委托合同、发票等证据。

利息与费用冲突：法院可能将“律师费＋利息”总额限制在 LPR 四倍以内，建议优先主张本金。

执行风险披露：若被告无财产可执行，需提前告知客户风险代理可能无法覆盖成本。

四、总结建议

报价底线：总费用不低于 15 万元（保障案件质量），风险代理比例可协商，但需绑定执行回款目标。

客户管理：每周提交进展报告，针对“犹豫型”性格强化过程沟通，减少决策反复。

地域适配：杭州法院倾向支持合理律师费主张，可引用本地判例增强客户信心。

5.3 诉请金额及利息计算

在诉讼实务中，客户提出的诉请金额往往带有强烈的主观诉求，部分主张因缺乏法律依据或超出合理范围而难以得到支持，客户常基于情感或经验提出高额赔偿请求，自身对于法律如何规定不了解。律师需精准识别可主张的权益边界，并对利息计算方式、起止时间等细节进行合规性验证。传统模式下，律师需手动检索类案裁判规则、比对司法解释条文，耗时耗力且易遗漏关键风险点。借助 AI 工具，律师可快速完成诉请合理性评估及利息计算合规审查，实现客户需求的“法律翻译”与风险预警的双重目标。

◆ 使用场景

客户王某某因民间借贷纠纷拟起诉李某某，主张借款本金 100 万元及自借款日起按年利率 30% 计算的利息。客户认为“口头约定高利息合法”，并要求律师直接按此金额起诉。

律师需手动核查《最高人民法院关于审理民间借贷案件适用法律若干问题的规定》（2020 年第二次修正）对利率保护上限的规定，计算不同阶段（合同成立后、逾期后）的利息是否合规。

◆ 提问 AI 的指令

【作为专业律师，你需要基于案件事实与法律规定，评估当事人诉请金额及利息计算的合法性，列明可支持范围、法律依据及潜在风险，并按法院裁判惯例生成计算示例。

• 当事人情况：

– 我方当事人：{ 姓名、身份、与对方关系，例如：王某某，个体工商户，与李某某系朋友关系 }

– 对方当事人：{ 姓名、身份，如李某某，某公司高管 }

争议地域：{ 注明管辖法院，如 × 省 × 市中级人民法院 }

• 案件事实：

– 借款时间：{ 具体日期 }

– 借款金额：{ 本金数额及交付方式 }

– 利息约定：{ 书面 / 口头约定利率及计算方式 }

– 还款情况：{ 已还本金 / 利息金额及时间 }

• 法律问题：

1. 当前诉请中的本金及利息是否完全符合法律规定？

2. 若存在超额利息，应如何分段计算合规金额？】

5.4 诉讼可视化辅助工具

诉讼可视化是一种通过图表、时间轴、动画等形式，将复杂案件事实、法律关系、时间顺序等要素清晰呈现的法律表达方法。其核心在于“化繁为简”——用视觉化工具将抽象文字转化为直观图像，帮助法官、律师及当事人快速抓住案件关键。

这一概念的体系化推广可追溯至十年前，天同律师事务所将其提升为律师必修技能，并开发出包括时间图、关系图、数据图等标准化图表类型。如今，它已成为法律人处理复杂案件的“标配工具”。

制作图表的过程本身就是案件梳理：律师需提炼争议焦点、剥离次要信息，最终形成简洁逻辑链条。

法官处理具体案件的时候需要阅读大量的卷宗材料，可视化图表能帮助其快速理解案件全貌。例如，用颜色区分责任主体、用时间轴锁定关键节点，可直接影响法官对事实的认知。

经常体现的诉讼可视化形式

- 时间轴：如工程纠纷中厘清施工进度与违约节点
- 法律关系图：如股权纠纷中梳理多层投资结构
- 数据图表：如证券诉讼中系统性风险的数据对比
- 现场还原：如交通事故案件通过三维建模重现碰撞过程

但是很多律师对诉讼可视化不了解，技能不熟练。导致呈现给法官的可视化图表还不如法官直接看卷宗更有效率。诉讼可视化需要掌握基本原则：

- 简洁性：一张图说清一个核心问题，避免信息堆砌。
- 区分度：用颜色 / 形状区分主体，如红色代表违约方。
- 真实性：所有信息必须基于证据，不得虚构。

避免过度炫技、画蛇添足的可视化。

诉讼可视化的本质是“思维的显性化”。正如上海高院原副院长邹碧华所言：“法官最需要的不是漂亮的图表，而是藏在图表背后的清晰逻辑”。

在使用 DeepSeek 时，可以利用 AI 对于附件进行分析的功能，为律师进行诉讼可视化成果制作提供便利。

◆ 提问 AI 的指令

在输入指令时一并上传需要分析的材料，材料最好内容清晰且可被识别。

【作为一名专业律师，你现在需要对于材料的关键信息进行分析整理，并根据描述的案件情况进行分析。我需要你整理：（1）关键的时间节点并生成时间轴；（2）影响案件结果的主要信息；（3）简要清晰地说明法律关系；（4）特殊要求：{说明需要呈现的效果}

时间轴、图谱等以 mermaid 代码呈现

案件情况概述：

我方作为一民事案件的（原告）提起诉讼。

案件类型：（如借贷纠纷 / 劳动合同纠纷 / 买卖合同纠纷等）

案件基本情况：（具体说明案件情况，最好增加时间线）

当事人核心诉求；（当事人真实的诉求）

诉讼请求：（已经确定的诉讼请求）】

◆ 示例指令

【作为一名专业律师，你现在需要对于材料的关键信息进行分析整理，并根据描述的案件情况进行分析。我需要你整理：（1）关键的时间节点并生成时间轴；（2）影响案件结果的主要信息；（3）简要清晰地说明法律关系；（4）特殊要求

- 需在时间轴上叠加“合同约定车辆交付时间”与“实际交付时间”对比层

- 时间轴、图谱等以 mermaid 代码呈现

我方作为一民事案件的原告提起诉讼。

案件类型：车辆买卖合同纠纷

基本情况:（2023 年原告在河北省廊坊市张三 4S 店定购宝驹牌汽车，2023 年 4 月 15 日签订买卖合同，并交付定金 5 万元，车辆价值 30 万元。2024 年 10 月 15 日 4S 店通知原告车辆已经准备好，原告当日付清全部款项。2024 年 10 月 20 日原告准备提车，4S 店告知原告购买的车辆有些质量问题不能交付，需要返厂维修，原告不打算继续购买想要退款。合同约定交车时间为 2024 年 12 月前）

当事人核心诉求;（返还全部购车款）

诉讼请求：1. 解除购车合同　2. 返还已支付的全部款项（30 万元）】

DeepSeek 生成实例

根据案件材料及证据，现分析如下（采用 mermaid 代码呈现关键信息）：

一、时间轴（含合同约定与交付时间对比）

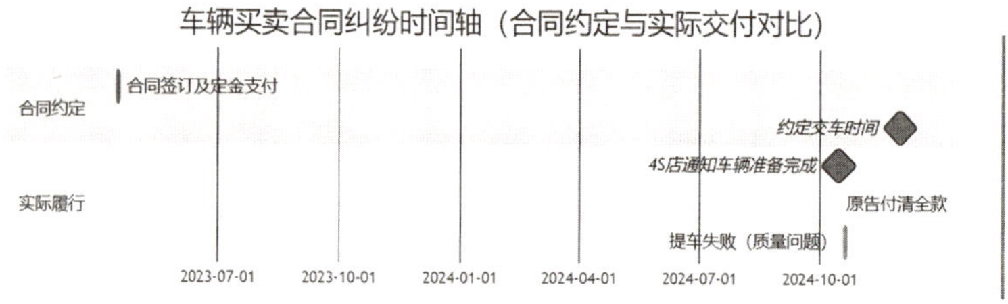

图 5-1　生成的时间轴

二、影响案件结果的主要信息

合同履行瑕疵：4S 店延迟 18 个月交付且车辆存在质量问题

违约行为认定：

1. 违反《民法典》第 577 条履行不符合约定

2. 违反标准合同第 3 条质量条款

关键证据链：

1. 定金收据 + 全款支付凭证（证明合同履行）

2. 4S 店书面通知（证明交付节点）

3. 质量检测报告（如有）

不利因素：合同未明确具体交付期限

三、法律关系分析

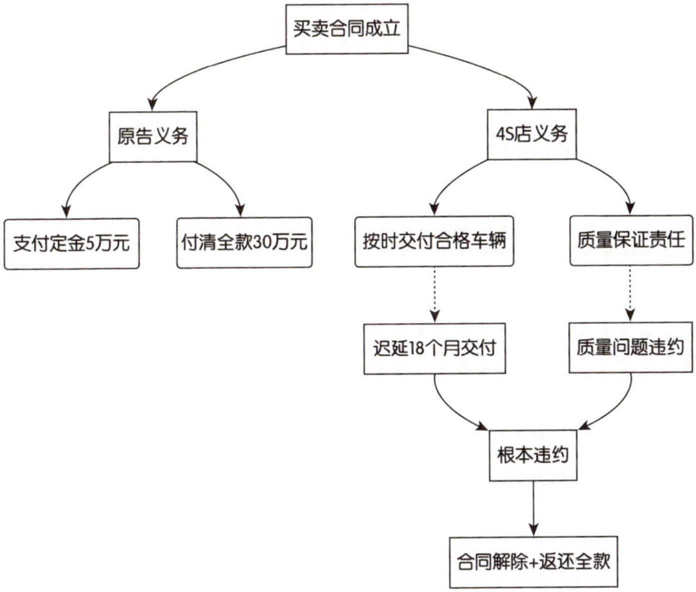

图 5-2　生成的法律关系

四、特殊要求处理

法律依据叠加：

1.《民法典》第 563 条：根本违约可解除合同

2.《民法典》第 610 条：质量不符合要求致使不能实现合同目的

3.《消费者权益保护法》第 24 条：不符合质量要求可退货

诉讼策略建议：

1. 主张合同第 5 条验收条款（当场提出质量异议）

2. 援引案例：未明确履行期限不影响违约认定

3. 要求适用退一赔一规则（需证明合同有交付期限）

五、风险提示

1. 若无法证明合同约定交付期限，可能影响迟延履行认定

2. 需通过司法鉴定确认质量问题程度（是否达到合同目的不能实现）

3. 注意《民事诉讼法》第 64 条举证责任分配规则

将生成的 mermaid 代码导入绘图软件（如 https://app.diagrams.net/）后，可生成可视化效果。

5.5 会议纪要总结

在律师实务中，会议纪要的撰写既是基础性工作，也是效率瓶颈之一。授薪律师常需处理律所内部会议、客户沟通会、案件讨论会等各类会议记录，既要精准捕捉关键信息，又需兼顾法律专业表述的严谨性。传统模式下，律师需耗费数小时整理录音、提炼要点、调整格式，甚至会因信息遗漏或理解偏差导致后续返工。

AI 基于预训练的法律语料库，可自动提取案件核心事实、待决问题、行动方案等关键内容，并按"背景—争议点—结论—待办事项"的逻辑框架重组文本，避免碎片化信息堆积。

针对会议中提及的诉讼策略、客户承诺等敏感内容，AI 可触发风险预警。

注意事项：

原始数据输入：在输入指令的同时需要上传会议文字速记稿，

并注明参会人员身份标签（如“主办律师：王律师”“客户代表：李总”）。

初稿生成后，通过多轮交互指令优化内容。例如：“将‘双方同意下周沟通’修改为‘双方约定于 2025 年 3 月 1 日前就《补充协议》条款达成书面一致’。”

◆ 提问 AI 的指令

【作为专业律师，你需要根据文字记录（附件）生成会议纪要，要求：

1. 按“会议基本信息—争议焦点—各方主张—待办事项”四部分结构化呈现；

2. 标注涉及的法律规范名称及条款编号（如《公司法》第 ×× 条），并对关键术语进行脚注解释；

3. 在“风险提示”栏列明会议中未明确解决的法律问题及后续应对建议；

4. 使用表格形式汇总行动项，包括责任人、截止时间、交付成果。

- 会议类型：{客户委托合同纠纷谈判会}
- 参会人员：{我方：张律师（主办）、李律师（辅办）；客户：×× 公司法务总监陈总；对方：×× 集团代理律师刘律师}
- 争议焦点：{合同解除权行使条件、违约金计算标准、证据交换程序合规性}】

通过此类指令，AI 可输出具备直接可用性的纪要初稿，律师仅需 20 ~ 30 分钟复核即可定稿，较传统模式节约 70% 以上时间。

- 敏感会议内容需使用本地部署的 AI 工具，避免上传至公有云平台。

• 输出文件应自动添加“机密—仅供内部参考”水印，并限制访问权限。

• AI 可能混淆同音词（如“定金”与“订金”），需人工重点核查法律术语。

5.6 材料准备情况核对

在律师实务中，案件材料的完整性与精准度直接决定诉讼策略的有效性。然而，经验不足的律师或法务常因缺乏系统性思维或对案件要素理解不充分，导致材料准备出现疏漏。传统材料核查依赖律师个人经验，但新人律师缺乏对案件全貌的把握能力，易忽视跨领域法律规范。例如，遗漏关键证据链文件、未覆盖关联法律条文，或未预判对方可能提出的抗辩点，均可能使案件陷入被动。AI 工具的介入，能够通过结构化分析、案例比对和逻辑推演，帮助法律从业者系统性核查材料，并提出增补建议，从而规避因“新手盲区”导致的执业风险。

◆ 使用场景

在办理具体案件过程中，新手律师对于案件所需材料不了解，自身准备了一些材料但是不知道材料是否齐备，以及对于相对方可能提出的抗辩没有预判。例如，代理一起离婚后财产分割案件，当事人主张对方隐匿婚后共同存款。律师已准备的材料包括：离婚协议、银行账户流水（仅显示常规收支）、对方社交媒体晒出的奢侈品消费记录。律师不知道准备的材料是否齐全。

◆ 提问 AI 的指令

• 指令设计逻辑：

需明确角色定义、材料清单、审查目标及输出要求，以下为标准化模板：

【作为专业律师，你需要根据我提供的案件材料清单，分析现有材料是否足以支持诉讼请求，并针对缺失项提出增补建议。

• 当事人情况：

– 我方当事人：{姓名、身份、与案件关联的核心事实（如“王某某，主张案涉争议房屋为个人婚前财产”）}

– 对方当事人：{姓名、身份及争议行为（如“李某某，主张案涉房屋虽是我方当事人出资，但产权登记双方名字”）}

争议地域：{注明管辖法院所在地，便于AI检索地方性司法指引}

• 已准备材料：

1.{材料名称及简要说明（如银行账户流水：证明案涉房屋完全由我方当事人在婚前出资购买）。}

2.{……}

• 预期法律目标：

–{明确诉求（如“取得房屋所有权”）}

–{补充说明潜在争议点（如“对方可能主张在房产证上登名行为表示房屋为双方共同财产”）}

• 输出要求：

1. 按“证据充分性”“法律要件匹配度”“风险等级”三项评分（1～5分）；

2. 列出必须增补的材料清单（附法律依据及案例参考）；

3. 针对现有材料的瑕疵，提出补救方案（如“聊天记录需在24小时内完成公证保全”）】

◆ 示例指令

【作为专业律师，你需要根据我提供的案件材料清单，分析现有材料是否足以支持诉讼请求，并针对缺失项提出增补建议。

• 当事人情况：

– 我方当事人：张某，某建筑公司项目经理，主张被拖欠工程尾款 120 万元。

– 对方当事人：某地产开发公司，以“工程质量不达标”为由拒绝支付。

争议地域：浙江省杭州市

• 已准备材料：

1. 建设工程施工合同（原件，约定验收合格后支付尾款）；

2. 工程竣工验收报告（我方单方委托检测机构出具）；

3. 催款函及快递回执（显示对方已签收）。

• 预期法律目标：

– 诉讼请求：判令对方支付尾款及逾期利息；

– 潜在争议点：对方可能质疑验收报告效力，或主张已过诉讼时效。

• 输出要求：

1. 按“证据充分性”“法律要件匹配度”“风险等级”三项评分；

2. 列出增补材料清单（如监理单位签字版验收文件、施工过程签证单）；

3. 针对“诉讼时效”风险，建议补充中止时效的证据（如协商录音）】

DeepSeek 生成实例

一、证据充分性评分：★★★☆☆（中等偏弱）

（一）现有材料效力分析：

1. 建设工程施工合同（原件）：能够证明合同关系成立及付款条

件（验收合格后支付尾款），是核心证据。

2. 单方委托的工程竣工验收报告：效力存疑。根据《民法典》及司法实践，单方委托的验收报告可能因缺乏第三方（如监理单位）参与而被对方质疑，需补充双方签字或监理单位确认的验收文件。

3. 催款函及快递回执：可证明诉讼时效中断（对方签收后重新计算 3 年时效），但需结合其他时效中断证据（如协商记录）以强化证明力。

（二）关键缺失项：

1. 双方确认的验收文件：合同中约定“验收合格后支付尾款”，但现有验收报告仅为单方委托，需补充监理单位签字或双方共同确认的验收文件，否则可能被法院认定为未满足付款条件。

2. 施工过程签证单：若对方主张质量问题，需通过施工过程中的签证单、设计变更记录等证明工程变更已获双方确认，且不存在质量瑕疵。

3. 付款凭证及结算文件：缺乏工程进度款支付记录和最终结算凭证，难以全面证明合同履行情况。

二、法律要件匹配度评分：★★★☆☆（存在重大风险）

（一）合同履行要件：

1. 根据《民法典》第 799 条，工程验收合格是支付尾款的前提。现有单方验收报告可能被对方以“程序不合法”为由抗辩，需补充监理或第三方验收文件。

2. 若对方主张质量问题，需进一步提供施工过程质量检测记录、隐蔽工程验收文件等，以证明施工符合合同标准。

（二）诉讼时效风险：

诉讼时效为 3 年，从约定的付款期限届满之日起算。现有催款函

（已签收）可中断时效，但需补充更多时效中断证据（如协商录音、书面往来函件）以应对对方可能提出的时效抗辩。

三、风险等级评分：★★★☆☆（中高风险）

1. 验收效力风险：单方验收报告可能被推翻，导致付款条件不成就。

2. 诉讼时效风险：若对方主张时效已过且我方无法证明持续催讨，可能丧失胜诉权。

3. 质量争议风险：对方可能以质量问题反诉或抗辩，需提前准备质量合格证据。

四、增补材料清单

（一）核心增补项：

1. 监理单位签字版验收文件：需由监理单位或双方共同委托的检测机构出具验收合格证明。

2. 施工过程签证单：包括设计变更、工程量确认、隐蔽工程验收等文件，证明施工符合合同约定。

3. 工程结算凭证：最终结算协议或双方确认的结算报告，明确尾款金额无争议。

（二）诉讼时效相关补充：

1. 协商录音或书面记录：证明在诉讼时效期间内持续催讨，例如近期的协商会议纪要、邮件或短信记录。

2. 律师函：通过律师再次发函催款，进一步中断时效并强化证据链。

（三）质量争议防御性证据：

1. 分阶段质量检测报告：施工过程中由监理或第三方出具的质量合格证明。

2. 保修期内维修记录：若工程已交付使用，需提供保修期内无质量问题的记录，反驳对方主张。

五、针对“诉讼时效”风险的具体建议

（一）补充时效中断证据：

1. 收集近 3 年内的催款记录（如短信、邮件、通话录音），证明持续主张权利。

2. 若曾与对方协商，需整理协商时间、地点、参与人员及内容（如会议纪要、录音）。

（二）法律行动强化时效：

1. 立即通过律师发送《催款律师函》，明确主张权利并保留送达凭证。

2. 若对方在催款函回复中承认债务，可构成时效重新计算的依据。

结论

现有材料虽能初步证明合同关系及催款事实，但关键证据（如验收文件、质量证明）存在重大瑕疵，且诉讼时效风险较高。建议优先补充监理验收文件、施工过程签证单及时效中断证据，以提升胜诉可能性。

5.7 涉外文书翻译

在全球化背景下，涉外法律事务激增，律师常需处理跨国合同、跨境争议、国际仲裁等案件，而语言障碍成为实务中的核心痛点。

传统翻译模式存在三大困境：

1. 专业术语准确性问题：法律文本涉及大量专属术语，普通翻译工具易因语境误判导致语义偏差。

2. **时间与经济成本高昂**：涉外案件常需翻译数万字证据材料，人工翻译周期长达数日甚至数周，且专业法律译员收费高达每千字数百元，中小律所难以负担。

3. **文化差异导致的表述陷阱**：若未结合司法实践背景翻译，可能引发条款解释争议。

AI 翻译的核心价值在于通过深度学习海量双语法律语料，实现术语库动态匹配、句式结构合规性校验、地域性表达自适应等功能，使律师能以分钟级速度获得可用性强于机翻、成本远低于人工的初稿。

◆ 使用场景

场景 1：国际货物买卖合同纠纷

某中国企业向德国公司出口机械设备，因产品质量争议被诉至法兰克福地方法院。对方提交德文版《技术验收标准》。需要律师需在 48 小时内完成翻译学习。

场景 2：跨境并购尽职调查

协助国内客户收购东南亚某矿业公司时，需审阅 200 页印尼语版《采矿权许可协议》，其中涉及当地法律规范特别条款。

◆ 提问 AI 的指令

在发送指令时一并上传需翻译文件作为附件

【作为涉外法律顾问，你需要基于以下要素完成附件文书翻译与法律分析，要求：（1）保持术语一致性；（2）标注存疑待核段落；（3）附相关法条对比。

- **翻译方向**：□外译中　□中译外　→ 具体语言：________（如德译中）
- **地域特殊性**：□普通法系　□大陆法系　□混合法系　→ 具体

国家或地区：________（如德国）

• **专业领域：**

☐国际商事仲裁 ☐跨境投资 ☐海事海商 ☐知识产权 ☐其他：________

• **输出格式：**

☐双语对照表格（左栏原文 / 右栏译文）

☐译文 + 脚注（解释关键术语的立法背景）

☐摘要版（仅翻译争议相关段落）】

DeepSeek 生成实例

双语对照表格（部分核心条款示例）

原 文	译 文	存疑标注 / 法律依据对比
第一条 房屋基本情况 房屋坐落：市________区________路________号，建筑面积________平方米，房屋结构（见房屋所有权证附图）。甲方保证对该房屋享有完全所有权，无抵押、查封等权利限制。	**Article 1 Basic Information of the Premises** Location: No. ________, ________ Road ________ District, ________ City, with a floor area of ________ square meters, Building structure details are shown in the appendix of the Property Ownership Certificate. Party A warrants full ownership of the Premises, free from mortgage, seizure, or other encumbrances.	标注：房屋结构附图是否需作为合同附件？法律依据：《民法典》第 708 条（出租人需确保租赁物符合约定用途）。

续表

原文	译文	存疑标注 / 法律依据对比
第三条　租金及支付方式 租金标准：每月人民币______元，租金每______年递增______%。	**Article 3 Rent and Payment** Rent: RMB______ per month, increasing by ______% every ______ year(s).	存疑：租金递增周期（如"每______年"）存在空白未填写，需双方明确。法律依据：《民法典》第721条（租金调整需协商一致）
第六条　违约责任逾期支付租金：乙方逾期超过5日，每日按欠款的______%支付违约金；逾期超过1个月，甲方有权解除合同。	**Article 6 Breach of contract** Late Payment: If Party B fails to pay rent for over 5 days, a default interest of ______% of the overdue amount shall be charged daily. If the default exceeds one month, Party A may terminate the Contract.	存疑：违约金比例未明确，需核查是否超出《民法典》第585条规定的合理范围（一般不超过实际损失的30%）。
第七条　合同终止与解除 因不可抗力（如征收、拆迁）导致合同无法履行时，本合同自动终止，双方协商补偿。	**Article 7 Termination** Force Majeure: This Contract shall automatically terminate if performance becomes impossible due to force majeure events (e.g., government expropriation or demolition). Both parties shall negotiate compensation.	法律依据：《民法典》第563条（不可抗力导致合同目的无法实现时可解除）但"自动终止"可能需明确通知义务。
第五条　房屋维修与装修 乙方责任：需装修或改造时，需提交书面方案经甲方同意后方可施工。乙方不得擅自改变房屋结构。	**Article 5 Maintenance and Renovation** Party B's Obligations: Any renovation or alteration requires Party A's prior written approval based on a submitted plan. Party B shall not alter the building structure without authorization.	法律依据：《民法典》第715条承租人需经出租人同意方可对租赁物进行改善或增设他物）擅自改变结构可能构成根本违约

图 5–3　DeepSeek 生成的合同条款中英文对照

5.8 常识了解（税率计算、国家机关职能等）

在法律实务中，律师不仅需要对法律条文有深刻理解，还需掌握大量跨领域常识性知识，如特定机关的职能边界、行政程序运作规则、税种税率计算方式等。这些知识虽不直接涉及法律解释，却往往成为案件推进的“暗礁”。本节将探讨如何借助 AI 工具快速填补此类知识盲区，避免因基础信息缺失导致的法律服务瑕疵。

地方行政机关职能划分复杂，同一事项可能涉及多部门交叉管理（如建设工程项目需协调自然资源局、住建局、环保局等）。律师若不了解各部门具体管辖范围，易出现“跑错部门、问错流程”的低效问题。传统解决方式依赖同行经验分享或官网检索，但基层政府信息公开程度参差不齐，耗时且信息滞后性强。

部分行政程序存在“隐形规则”，如特定行政许可需前置的专家评审环节，若律师仅依赖公开文件解读，可能遗漏关键步骤，最终导致客户权益受损。

以税率计算为例，增值税、关税、个人所得税等规则受政策调控频繁（如跨境电商综合税率涉及行邮税与综合税切换阈值），人工跟踪各地政策变动成本极高，而 AI 可实时抓取财政部、税务总局最新公告，提供动态计算支持。

◆ 使用场景

客户拟在某自贸区设立危化品仓储企业，需明确应急管理、交通运输、市场监管等多部门审批顺序。AI 可输出《危化品经营资质办理路线图》，标注“先取得安评报告后申请经营许可”“消防验收与环保验收并联办理”等关键节点，并附各部门联络窗口及常见补正材料清单。

◆ 提问 AI 的指令

【作为专业律师，你需要基于以下信息，提供关于［目标机关名称］办理［具体事项］的职能说明及流程指引：

• 背景要件：

– 事项性质：［如行政许可 / 行政处罚复议 / 专项资金申请］

– 关联法规：［列出已掌握的相关法律名称，如《行政许可法》第 ×× 条］

– 地域特征：［注明省 / 市 / 县三级管辖差异，例如："该事项涉及 × 省 Y 市经开区"］

• 待解决问题：

1. 明确主导机关及协作部门（如住建局牵头但需征求消防支队意见）

2. 列出申请材料清单（标注原件 / 复印件份数及盖章要求）

3. 梳理办理流程时间轴（含各环节最长办理时限及催办方式）

4. 提示常见驳回情形及补正策略（如规划许可中容积率争议的协商路径）

• 输出要求：

– 以表格对比不同办理路径的优劣】

◆ 示例指令

【作为专业律师，你需要基于以下信息，提供关于应急管理、交通运输、市场监管等多部门办理［设立危化品仓储企业审批流程］的职能说明及流程指引：

• 背景要件：

– 事项性质：［设立危化品仓储企业］

• 待解决问题：

1. 明确主导机关及协作部门（如住建局牵头但需征求消防支队意见）

2. 列出申请材料清单（标注原件 / 复印件份数及盖章要求）

3. 梳理办理流程时间轴（含各环节最长办理时限及催办方式）

4. 提示常见驳回情形及补正策略（如规划许可中容积率争议的协商路径）

• 输出要求：

– 以表格对比不同办理路径的优劣】

DeepSeek 生成实例

以下是关于设立危化品仓储企业审批流程的职能说明及流程指引，以表格形式对比不同办理路径的优劣，并涵盖您提出的具体要求：

一、主导机关及协作部门职能说明

部门	职能	协作关系
应急管理局	主导机关，负责危化品经营许可审批、安全条件审查及综合监管	需联合住建、消防、环保等部门意见；最终审批权归属
住建局	核发建设工程规划许可证、施工许可证；审查仓储用地规划及建筑合规性	需征求消防支队意见（如消防设计审查）；与自然资源局协调容积率等规划指标
消防支队	负责消防安全设计审查及验收；出具消防安全评估报告	独立出具意见，作为住建局施工许可和应急管理局经营许可的前置条件
市场监管局	核发营业执照；审查特种设备（如压力容器）使用登记	需企业完成前置审批（如应急管理许可）后办理经营范围变更
生态环境局	审批环境影响评价文件；监督危化品存储环境污染防控措施	环评批复为应急管理局审批的前置条件
交通运输局	审核危化品运输车辆进出路线及仓储物流配套方案	需企业提交运输应急预案，与应急管理局共享信息

二、申请材料清单（示例）

材料名称	提交部门	原件/复印件	盖章要求	备注
企业法人营业执照（经营范围含危化品）	市场监管局	原件1份+复印件2份	加盖企业公章	需预先核准名称，注明“筹建”字样
项目可行性研究报告	应急管理局	原件2份	法定代表人签字+企业公章	包含仓储规模、危化品种类及风险评估
建设工程规划许可证	住建局	复印件2份	加盖企业公章	需附自然资源局用地规划意见
消防安全评估报告	消防支队	原件1份	消防技术服务机构盖章	需由具备资质的第三方机构出具
环境影响评价批复文件	生态环境局	复印件2份	加盖审批部门公章	需通过专家评审并公示
安全设施设计专篇	应急管理局	原件3份	设计单位盖章+注册安全工程师签章	需符合《危险化学品建设项目安全监督管理办法》要求

三、办理流程时间轴（最长时限）

环节	办理部门	最长时限	催办方式
名称预核准	市场监管局	1工作日	线上系统自动提醒
环评报告编制及审批	生态环境局	30工作日	书面催办函（提交后第25工作日）
建设工程规划许可证	住建局	20工作日	政务服务平台“进度查询”模块提交催办申请
消防设计审查	消防支队	15工作日	电话联系经办人（需提供受理编号）
应急管理局经营许可审批	应急管理局	20工作日	通过12345热线转办督办
特种设备使用登记	市场监管局	10工作日	现场窗口催办（需携带受理回执）

四、常见驳回情形及补正策略

驳回情形	补正策略
规划许可容积率争议	协商路径：与自然资源局沟通调整控规指标，或申请容积率转移 / 购买；提交专家论证会纪要
环评未通过	策略：补充污染防控措施（如防渗漏设施升级）、重新编制环评报告；聘请第三方环保顾问协助修改
消防验收不合格	策略：按消防支队意见整改（如增设防火分区、更换阻燃材料）；委托消防技术服务机构重新检测并出具合格证明
安全距离不足	策略：调整仓储布局或缩减存储规模；提供周边敏感目标搬迁协议（如学校、居民区）

五、不同办理路径对比

路径类型	优　势	劣　势	适用场景
串联办理	流程清晰，责任明确	耗时较长（总时长约 6～8 个月）	首次申请企业，需逐步熟悉流程
并联预审	缩短时间（可压缩至 4～5 个月）	需协调多部门同步推进，材料重复提交风险高	有政府“绿色通道”支持的重点项目
第三方代办	专业团队操作，降低驳回率	费用较高（服务费约 5 万～10 万元）	时间紧迫或缺乏申报经验的企业
容缺受理	加快进度，允许次要材料后补	主审材料瑕疵可能导致整体流程中止	企业信用良好、材料基本齐备的案例

第六章
客户沟通交流

笔者在微博上分享过很多和客户、机关单位沟通的方法论。律师和客户沟通其实无须过分依赖「情商」，律师本质给予当事人帮助，协助其解决法律问题，利用情商加强沟通技巧则是加分项，只是在沟通和交流上，需要秉承“真诚是永远的必杀技”，那什么才是真诚呢？实话实说就是真诚吗？笔者理解的真诚是，站在对方的角度考虑问题，或者希望对方更好的一种态度。心直口快≠真诚，没有心眼≠真诚，真诚一定是带有善良怕别人受到伤害的底色。

就算真诚待人的人，也会讲客套话，但讲客套话的同时更需要将自己掌握的关键信息告诉对方，让对方权衡利弊，而不是代替其做决定。真诚的必杀技对待律师和客户关系也很好理解，大家都清楚，任何所谓销售技巧和承诺结果都没有意义。刚开始接受咨询的时候“可能会考虑客户有没有必要委托律师”，但代理案子后“会想这事一定要为当事人争个高低”。

律师这行一定是谈钱的，用钱买时间，用钱解决问题，咨询的时候也没必要藏着掖着不敢说，怕客户套你思路，或者不耐烦、不解决问题，但也不是让大家什么都说，只能说这个“度”就是「利他是最好的利己」。

所以本章希望利用 DeepSeek 在与客户的沟通中，探索更多可落地的文书或者可交付得产品内容，而不是律师使用 DeepSeek 生成假装幽默、假装高情商的发言逻辑，还是那句话“真诚永远是必杀技”。

6.1 法律咨询回复

总有新手律师会问“如果被问到一些不知道怎么回答的尴尬问题，应当如何应对呢”？毕竟律师不是百科全书，更不是影视剧里张口就能背诵法条全文的“人工智能”，客户在咨询过程中天马行空的问题可能真的会让律师猝不及防，在信息网络如此发达的今天，客户可能都是带着答案来找律师的，律师总会听到客户说：“你说的怎么和抖音上不一样呢。”下文总结一些律师可能会被问到的尴尬问题场景，以及 DeepSeek 的回答和应用。

问题 1：你才多大啊？执业几年啊？这个案子能做好吗？

问题 2：客户问我是专门做这类业务的吗？本身我是万金油律师什么都做，该怎么回答呢？

• **常见的回答：**

【顾左言他法】我在法律这个行业干了好几年了，执业时间虽然不长，但这类业务也干了好多了。如果问执业年限（因为是公开可查的），可以说自己接手过很多案子，相关经验还是比较丰富的。

【实话实说法】比如客户问你是专门打北京户口离职违约金的律师吗？你就可以就直接回答“这类案子没有那么多，但我之前也代理过公司和劳动者的违约金纠纷”。

【寻求外援法】我很少做刑事类案件，所以刑事案件我都采用合作的方式，我们团队有资深刑辩律师。

DeepSeek 的回答

问题 1：你才多大啊？执业几年啊？这个案子能做好吗？

可能要考虑几个点：（1）不直接回答年龄问题，避免被年龄限制。（2）强调专业能力和经验，比如参与过的案件、培训等。（3）提到团队支持，增强信任感。（4）提供过往的成功案例或客户评价。（5）表达对案件的重视和投入。

回应模板：

1. 正面回应，转移焦点

感谢您提出这个问题，我非常理解您对律师经验的重视。虽然我独立执业时间不长（或虽然我比较年轻），但我在法律行业已经积累了 × 年的实践经验——包括在 ×× 律所实习 / 协助处理过 ×× 类案件（具体举例，如婚姻纠纷、合同审查等）。

2. 突出专业准备

针对您这个案件，我已经完成了 ×× 小时的专项研究（或参加了 ×× 专项培训），查阅了本地区近三年类案裁判数据（可具体到数量），并制定了包含 ×× 个风险点的应对方案。

3. 展示团队支持

我们团队实行三级质量把控制度，每个案件都会由执业 × 年的 ×× 领域主任律师参与策略制定（可举例团队其他成员资历），确保法律服务的专业度。

4. 提供客观佐证

这是我准备的类案分析报告（出示文件），其中包含与您情况相似的 3 个成功案例（可隐去隐私展示裁判文书号）。如果您需要，也可以提供近期客户的服务评价供参考。

5. 把控对话方向

比起我的执业年限，更重要的是这个案件本身的法律要点。能否占用您 10 分钟，让我先分析本案的 3 个关键争议点和应对策略？之后您再判断我的方案是否专业。

6. 进阶技巧

准备可视化数据：制作类案胜诉率 / 赔偿金额对比图表

展示法律工具：出示类案数据库、文书自动生成系统等专业工具

设计服务承诺：提出首小时免费、案件评估关键节点、三次方案汇报等具体服务保障

7. 切记

用文件资料替代口头承诺；

用案例数据替代主观保证；

用服务流程替代个人资历；

保持专业姿态，避免过度解释；

这种回应既避免了直接比较执业年限的劣势，又通过具体数据、流程和案例证明专业能力，将对话引导到案件本身的价值创造上。

问题 2：客户问我是专门做这类业务的吗？本身我是万金油律师什么都做，怎么能回答呢？

1. 先肯定客户需求（体现敏锐度）

您提到的 ×× 领域确实是一个需要精细化服务的板块……

2. 强调综合经验的独特优势（转化劣势为价值）

▸ 例 1：我专注民商领域多年，其中 ×× 类案件（客户相关领域）占比约 60%，同时综合处理其他案件的经验让我更擅长从多角度预判风险，比如……

▸ 例 2：我的团队采取【主协办模式】，我本人负责统筹案件策

略，同时会根据案件需要联动知识产权/财税领域的专家律师深度参与。

3. 用细节证明专业度（避免空谈）

▶ 近期处理的一起 ×× 案件（客户相关领域），通过……（具体策略）帮当事人降低了 70% 损失，这起案件的关键点在于……

▶ 我们针对 ×× 业务研发了标准化服务流程，比如……（流程亮点），确保服务质量

4. 主动引导需求（掌控对话）

▶ 您目前遇到的具体情况是？我们可以先做一轮 15 分钟的免费案情推演，帮您明确下一步方向。

✕ 避免否定性话术：

虽然我不是专做这个的，但是……　→ 直接削弱信任

√ 改用积极表达：

这类案件的核心是……（专业点），而我在处理……（相关案例）时积累了……（具体经验）

所以，对某些常见的问题，律师可以提前和 DeepSeek 学习回答逻辑和方向，但是 DeepSeek 回答逻辑本质和我们预设的回答逻辑是一样的，只是 DeepSeek 能预设更多场景和更多的答案。

场景：在处理当事人跨领域法律咨询时，如何借助 DeepSeek 作为辅助工具高效应对呢？

【我是一个民商事律师，目前当事人咨询我帮信罪的相关问题，帮我迅速了解这个罪名】

◆ 使用逻辑

第一步：快速建立知识框架：快速掌握罪名核心要素

• **使用指令：**用表格形式解析 ×× 罪名的构成要件、量刑档次

及司法解释依据，附注典型案例案号。

第二步：精准定位争议焦点：要求 DeepSeek 出具本地区类案比对报告及证据审查清单，提升咨询精准度。

• **输入案件关键事实，要求：**结合《刑法》××条及××指导案例，分析本案中××行为是否构成××罪名，需关注哪些证据要点。

第三步：发现确需其他刑事律师介入时

• 生成专业化转介话术模板，保留案源合作可能性

◆ 提问 AI 的指令

• **投喂材料：**基本案件事实，如“劳动合同纠纷”（领域）、“拖欠工资”（行为）、“社保缴纳”（行为）、“劳动仲裁”（程序）。

• **DeepSeek 关键词：**

低效提问：“公司拖欠工资怎么办？”

高效提问：“我是一名专业的劳动法律师，当事人 2024 年 5 月至 8 月被公司拖欠 3 个月工资，其中 8 月发了拖欠 4 月工资，没有劳动合同但有之前发放银行流水，现在公司不承认当事人 5 月之后提供劳动，如果需要申请仲裁需准备哪些材料？”

◆ 警惕方向

（1）不熟悉的法律领域无法准确判断 DeepSeek 答案中的有效答案，容易混淆基本法律概念；

（2）DeepSeek 难以识别内部政策导向（如某地区未公开的拆迁政策和拆迁方案）。

6.2 生成调解方案

目前的人工智能尚无法准确捕捉人类复杂的情绪，即便是人类自

身也难以完全理解和共情他人的感受，更遑论依靠人工智能来实现情感共鸣了。目前 DeepSeek 不能直接替代律师进行客户性格分析，但律师可将 DeepSeek 作为辅助工具，根据律师判断的客户性格定制方案，如“客户比较谨慎”“合同审查严格 / 宽松”“如何缓解当事人对于案件的焦虑”。

场景

在案件调解过程中，根据案件具体情况，客户性格和期待利用 DeepSeek 定制调解方案

◆ 使用逻辑

第一步：明确纠纷性质

“我需要解决一起涉及［房屋租赁/劳动争议/合同违约］的纠纷，主要争议点是［具体描述，如押金退还、工资拖欠、合同履行条款］。请根据《民法典》第 ×× 条和相关司法解释，生成调解方案。”

第二步：提供关键事实与证据

“纠纷双方已提交以下材料：［租赁合同扫描件 / 工资支付记录 / 违约通知］，争议焦点为［具体问题，如家具损坏赔偿金额 / 合同解除条件］。请分析证据并给出赔偿计算依据。”

第三步：设定调解目标与限制

“双方可接受的最低调解条件为［甲方要求 × 元赔偿，乙方最高接受 Y 元］。请以双盲报价模式生成阶梯式调解方案，并预测法院判决结果作为参考。”

第四步：指定行业或场景需求

“这是一起跨境商业合同纠纷，涉及［国际贸易术语 / 管辖法律冲突］。请结合《联合国国际货物销售合同公约》和类似仲裁案例，生成中英文双语调解协议草案。”

◆ 提问 AI 的指令

【我是一名资深婚姻律师，目前代理女方争夺 8 岁儿子的抚养权，当事人对能否取得抚养权比较焦虑，目前女方收入没有男方的高，同时儿子一直由奶奶照顾，男方也想要抚养权，针对以上情况，定制一套调解方案，具体到话术引导】

DeepSeek 关键词

（1）基本事实：纠纷类型（劳动争议、房屋租赁、离婚纠纷）法律依据（《劳动合同法》第 ×× 条）。

示例：我是一名劳动仲裁调解员，目前劳动者要求公司支付拖欠的 3 个月工资，但公司经营困难只能半年内分三期支付，我应该如何和劳动者沟通，并形成切实有效的沟通话术。

（2）上传已有证据：证据材料、曾经谈判记录、上传合同、聊天记录、照片等证据，要求自动提取关键条款、时间节点、违约事实。

（3）数据分析、预判最终判决金额计算，生成赔偿金额区间预测

（4）调解流程控制：双盲报价、背对背报价，优先利益项（如缩短周期 vs. 补偿金额）、调解风格（如温和协商 / 法律威慑）。

（5）输出：根据当事人需求生成定制化的调解方案、进行话术引导。

示例：甲方优先希望 30 日内解决纠纷，赔偿可接受下调 10%；乙方要求保密协议条款。请生成侧重效率的调解路径，同时生成话术引导。

DeepSeek 的回答

一、核心策略：突出母亲的情感优势与抚养能力

1. 收集情感投入证据

话术引导：

“虽然男方收入较高，但孩子成长不仅需要物质保障，更需要稳

定的情感陪伴。我们已收集了女方陪同就医记录（如疫苗接种本、病历）、家长会签到表、兴趣班接送记录等，证明女方在孩子日常照料中的深度参与。”

“孩子已满8岁，根据《民法典》第1084条，需尊重其真实意愿。建议通过心理咨询师与孩子沟通，记录其明确表示‘希望和妈妈一起生活’的表述，作为关键证据。”

2. 弱化奶奶长期照顾的负面影响

“孩子由奶奶照顾是特定时期的客观安排（如父母工作原因），但法律上抚养权归属以父母为主。女方现已调整工作时间，可亲自承担抚养责任，且孩子与母亲的情感联结并未因奶奶照料而减弱。”

“若男方主张‘孩子已习惯奶奶照顾’，可回应：祖辈协助抚养≠父母抚养能力不足，且女方愿在离婚后继续尊重孩子与奶奶的亲情，保留探视便利性。”

二、调解方案设计：兼顾法律与情感需求

1. 抚养权归属方案

核心条款：抚养权归女方，男方支付抚养费（按男方收入20%～30%计算），并保留探视权（如每周一次、寒暑假共同生活）。

话术引导：

对男方：“您的高收入能为孩子提供优质教育资源，但孩子更需要母亲的日常陪伴。女方同意您随时探视，并承诺保障孩子与您的亲子互动，这比争夺抚养权更有利于孩子心理健康。”

对女方：“适当让步探视权可换取男方接受抚养权归属，同时要求男方承担更高比例抚养费，以弥补收入差距。”

2. 应对男方经济优势的谈判策略

话术引导：

“物质条件并非唯一标准。根据《最高人民法院关于适用〈民法典〉婚姻家庭编的解释（一）》，法院更关注直接抚养方的陪伴时间、教育理念等‘软性条件’。女方已提交孩子班主任的书面证言，证明其积极参与学校活动，而男方因工作繁忙长期缺席家长会。”

“若男方坚持‘高收入优势’，可提出折中方案：抚养权归女方，但男方按月支付额外教育基金（如兴趣班、夏令营费用），既保障孩子发展，又避免直接抚养权争议。”

三、心理建设与风险提示

1. 安抚当事人焦虑

话术示例：

“您对抚养权的担忧是合理的，但法律上‘收入高低’并非决定性因素。我们已通过证据链证明您的抚养优势，下一步需坚定信心，避免因焦虑做出不理性行为（如抢夺孩子），否则可能被认定为‘不利于子女身心健康’。”

2. 防范调解失败风险

预案准备：

若调解僵持，可申请法院委托社会调查员评估双方抚养条件，重点突出女方稳定的居住环境（如学区房）、亲属协助抚养承诺（如女方母亲愿意协助照顾）。

四、补充建议：利用调解程序柔性破局

1. 引入第三方调解员

建议选择具有心理咨询资质的调解员，从情感层面化解对立，引导男方关注“共同育儿”而非“争夺输赢”。

2. 阶段性调解目标

先就探视权、抚养费达成共识，再逐步推进抚养权归属，避免因“全有或全无”思维激化矛盾。

通过以上方案，既能从法律层面夯实女方主张，又能通过话术引导降低男方对抗性，最终实现“抚养权归女方 + 高额抚养费 + 灵活探视”的平衡结果。

◆ 警惕方向

1. 案件调解过程中常出现不可控因素，建议优先选择法院、仲裁委员会组织下的调解，在《调解书》送达当事人前双方当事人均有可能反悔；

2. 交叉核对调解笔录、调解协议、调解书中涉及身份信息、房产证号、银行卡号、支付周期等关键信息；

3. 如出现调解失败，律师仍需根据案件情况做出配套诉讼方案；

4. 如未按照生效调解书的约定情况履行，律师可提醒当事人申请强制执行。

6.3 笔录总结

本节分享的笔录主要为与当事人的谈话笔录或者律师尽职调查笔录，目前律师切勿使用刑事案卷中的犯罪嫌疑人笔录或者证人笔录投喂 AI 进行案件的总结，律师应严格履行保密义务，仅在法定范围内使用案卷材料，如果律师违规泄露案卷，可能面临被司法行政机关处以警告、暂停执业，甚至吊销执照的处罚。但刑事领域可以利用 DeepSeek 提前制作会见笔录，梳理思路和确认想问的问题，以免会见时遗漏要点。

就当事人的谈话笔录，目前 DeepSeek 暂不支持上传音频文件，律师可以使用其他平台将谈话录音转成文字，如科大讯飞录音笔或者讯飞听见可以直接将语音转为文字，但律师需要注意庭审过程中切勿录音录像，和当事人谈话过程中如需录音需提前征得当事人同意。

DeepSeek 可用于生成尽职调查笔录或者尽职调查底稿，在并购过程中，尽职调查笔录需要记录会议讨论、文件审查、关键问题确认等内容，确保法律和财务信息的准确性。因此，该类笔录需要结构化、详细，并且可能涉及多方参与，需要区分发言人角色。

【我是一名资深刑事律师，目前家属委托我首次会见犯罪嫌疑人，嫌疑人为男性 16 岁未成年人，涉嫌故意杀人罪，根据以上信息整理一份会见笔录给我，此次会见更需要律师注意什么呢】

DeepSeek 的回答

一、案件情况询问

1. 对涉嫌罪名的认知：

“你是否清楚自己因何事被羁押？”

“办案人员是否告知你涉嫌的罪名及权利义务？”

2. 案件经过：

“请描述案发时间、地点、在场人员及事件经过。”

“你与被害人关系？是否有矛盾？”

“作案工具来源、去向？”

“是否有同案犯？他们是否参与及具体分工？”

3. 口供真实性：

“你在讯问中的陈述是否自愿？有无诱供、逼供？”

“笔录内容是否与你所述一致？是否签字确认？”

4. 量刑情节：

“是否有自首、立功、赔偿、取得谅解等情节？”

“是否认罪？若认罪，动机是什么（如防卫过当、激情杀人等）？”

二、法律程序告知

1. 解释刑事诉讼流程（侦查、审查起诉、审判阶段）。

2. 强调未成年人权利。

三、其他事项

1. 生活需求（是否需要衣物、药品等）。

2. 向家属转达合理合法信息（如“注意身体”等）。

3. 确认下次会见时间及需沟通的问题。

四、后续工作建议

1. 根据会见内容，向办案机关提交《取保候审申请书》（如符合条件）。

2. 申请查阅案卷材料（批准逮捕后）。

3. 必要时申请精神病鉴定或年龄骨龄鉴定。

4. 与检察机关沟通附条件不起诉可能性（若情节较轻）。

场景 1：在会见前，根据案件情况提前生成会见笔录，避免会见时遗漏关键点

◆ 使用逻辑

输入案件基本信息、案件情况、法律程序和案件是否有特殊性（成年人、认罪认罚、取保候审）。

◆ 提问 AI 的指令

生成一份故意伤害案侦查阶段首次会见笔录模板，包含：权利义务告知、核实基本案情、核实量刑情节、其他生活事项等，相关问题以问答形式生成。

DeepSeek 关键词

（1）案件基础信息关键词

案件性质（故意伤害罪、盗窃罪、诈骗罪）

当事人身份（犯罪嫌疑人、受害人、主犯、未成年人、老年人）

时间地点（案发时间记录规范、现场勘验笔录要素）

（2）法律程序关键词

程序阶段（首次会见、侦查阶段、审判阶段）

权利义务告知（犯罪嫌疑人权利告知书模板）

特殊程序（认罪认罚、刑事和解、检察院抗诉）

（3）证据与事实核查关键词

证据类型（物证、证人证言）

事实要素（犯罪构成要件、主观故意询问要点）

输入证据种类检测是否有非法证据需要排除

（4）法律依据与风险提示关键词

实体法（刑法第 ×× 条）

程序法（刑事诉讼法非法证据排除 ×× 条）

司法解释（两高关于 ×× 罪的认定标准）

◆ 警惕方向

（1）对比民事案件，DeepSeek 在刑事案件中错误更多，比如我在对话框中输入以律师身份生成会见笔录，结果 DeepSeek 以侦查机关角度生成笔录；

（2）刑事案件生成部分内容不符合实际情况，希望各位律师慎用 DeepSeek 生成刑事内容。

【我是一名律师助理，整理一份谈话笔录 / 会议纪要，根据以下（××× 内容）进行编辑和优化，包括添加关键点、突出重点、调整

句子结构和表达方式，以提高谈话笔录/会议纪要的可读性和专业性】

DeepSeek 的回答

谈话笔录/会议纪要

案件名称：××× 诉 ××× 案（案号：×××）

时间：2023 年 ×× 月 ×× 日 14:00-16:00

地点：×× 律师事务所会议室

参与人员：

主办律师：张 ××

律师助理：李 ××（记录人）

当事人：王 ××

证人：赵 ××（联系方式：×××）

一、核心议题讨论

案件背景回顾

当事人王 ×× 陈述：2023 年 × 月 × 日与被告方签订《×× 合同》时，对方存在以下问题：

▸ 未按合同第 5.2 条履行交付义务（关键证据：合同副本 P3）

▸ 口头承诺的附加服务未兑现（需补充录音证据整理）

争议焦点：合同违约责任的认定及赔偿范围（民法典第 577 条、第 584 条）

新证据提交

证人赵 ×× 证实：

▸ 2023 年 × 月 × 日亲历签约现场

▸ 被告方明确表示“保证 3 个工作日内完成设备调试”（需标注于笔录第 2 页）

补充材料：聊天记录截屏（2023.××.××-2023.××.××）已归档编号为【证据7】

二、关键行动项

事　项	责任人	完成时间	备　注
申请证人出庭手续	李××	2023.××.××	须同步准备《证人出庭申请书》
补充收集银行流水	王××	2023.××.××	覆盖2023.××～××月交易记录
起草质证意见书	张××	2023.××.××	重点针对被告方证据3、证据5

三、特别注意事项（加粗标红）

诉讼时效：需在2023年××月××日前完成起诉状提交

风险提示：被告可能主张不可抗力条款（合同第8.3条）

保密要求：本案涉及商业秘密，未经授权不得对外披露笔录内容

四、下一步计划

2023.××.×× 召开团队内部案情分析会

2023.××.×× 向法院提交《证据目录（修订版）》

记录人：李××

核对人：张××

日期：2023年××月××日

优化要点说明（DeepSeek生成）：

结构化呈现：采用分级标题、表格和符号标记（▶），增强信息层级

法律要素强化：明确标注法律依据（民法典条款）、证据编号和关键时间节点

重点可视化：使用加粗、标红、项目符号突出诉讼时效等关键信息

责任闭环：通过行动项表格明确任务分工和完成时限

专业表述：将口语化表达转化为法律术语（如“质证意见书”替代“反驳材料”）

建议根据具体案情补充证据链分析、争议焦点的法律依据比对等内容，必要时可增加附录列明相关法条全文。

场景 2：与客户沟通后形成一份谈话笔录，用于记录案件进展，提升服务体验

◆ 使用逻辑

上传已有文书进行优化，或上传模板按照指令进行提问。

◆ 提问 AI 的指令

（1）基础信息：明确本次谈话 / 会议的性质是什么（客户咨询 / 案件讨论 / 证据核实 / 调解会议 / 内部策略会）参与方身份、法律程序阶段

（2）突出关键信息：会议中涉及的关键法律事实（时间、地点、人物行为、证据链节点），需要特别记录的争议焦点或法律风险点，权利义务声明、法律条款引用、时间节点、证据材料编号

（3）设定关键法条进行确认：请确认以下结构是否符合新《公司法》以及《××公司章程》中××条的中要求：出席人员、表决数、召开程序，需要按时间轴顺序记录关键事件。

（4）明确输出条件：法律文书格式、程序合规性、签字确认环节

◆ 警惕方向

（1）建议明确汇报主体，要求 DeepSeek 注意语言表述方式，务必进行二次修正。

（2）如需整理录音文件，需用其他人工智能工具转换成文字，目前 DeepSeek 无法直接上传音视频文件。

6.4 庭审情况预判

结合案件材料对庭审情况进行预判是法律实务中常见的分析方法，庭审情况瞬息万变，作为资深律师也很难预判庭审走向，只能通过庭审情况随机应变，并通过大量开庭增加庭审经验。而新手律师参与庭审经验较少，对于庭审的走向的把控更多取决于案件材料的完整性，也可适当利用 DeepSeek 进行案件材料的分析，提前预判案件材料的完整性、法律适用的明确性以及具体司法环境的影响。

【我是一名资深律师，代理原告通过我方证据预判案件胜诉率，形成一份可以给客户汇报的分析报告】

◆ 使用逻辑

结合案件材料对庭审情况进行预判提问的核心是构建一个系统化的分析框架，从模块到整体的分析，而不是扔给 DeepSeek 一整个案件材料，可以围绕案件“事实、法律、证据、风险、解决方案”进行模块式的分析。具体逻辑如下：

（1）以结果为导向：明确目的（如预判胜诉率、评估赔偿金额或识别程序风险），决定分析的侧重点。

• 示例：针对目前对方提交证据，判断我方证据的薄弱环节？（质证策略）。

（2）拆解案件，根据模块进行分析：将复杂案件分解后再进行分析，如事实争议、法律适用、证据链完整性等，逐一分析后再综合结论。

• 示例：借贷纠纷中，如何分别证明借贷合意和赠与？（拆解法律要件）

（3）提供前提条件：如合同无效 / 可撤销的情况下，再通过证据和法律检索验证其是否成立。

• 示例：被告主张合同欺诈，我方需如何反驳？（假设→验证抗辩逻辑）。

（4）对比类案：通过类案检索，对比类似事实的判决结果，推测法官可能的裁量倾向。

• 示例：同类侵权案件的赔偿比例是多少？本案能否争取更高比例？（用数据支撑预判）。

（5）风险预判：主动识别可能推翻己方主张的风险点（证据瑕疵抗辩、法律空白），提前制定应对方案。

• 示例：若××未作为证人未出庭，其出具的情况说明是否会被采信？（预判程序风险）。

◆ 提问 AI 的指令

• 针对事实争议：在【案由】中，若存在【具体事实矛盾】（双方对交货时间陈述不一致），如何通过【证据类型】证明我方主张？

• 针对法律适用：【具体法律条文】中【模糊术语】（合理期限）在本案中应如何解释？是否有类案支持？

• 针对诉讼策略：若对方主张【抗辩理由】，我方可通过【具体证据/法律依据】进行何种反击？

DeepSeek 关键词

（1）案件基本事实

案件性质（民事/刑事/行政）、争议焦点、时间线、主体身份（消费者、用人单位）。

• 作用：快速定位法律关系和适用场景。

• 示例：劳动争议、合同解除、侵权行为地。

“在【案件类型】中，若存在【具体事实矛盾】，如何通过【证据类型】证明我方主张？”

（2）法律类关键词

提供关键法律条文（《民法典》第584条）、构成要件（过错责任、因果关系）、法律概念（表见代理、善意取得）。

- 作用：精准匹配法律依据，避免偏离裁判规则。
- 示例：违约金的调整标准、正当防卫的限度条件。

“【法律条文】中合理期限在本案中应如何解释？是否有类案支持？”

（3）证据类关键词

证据类型（书证、电子数据、鉴定意见）、证明目的（证明劳动关系存在）、证据瑕疵（取证程序违法）。

- 作用：评估证据链是否完整，预判对方攻击点。
- 示例：无原始载体的微信聊天记录的证明力。

（4）策略类关键词

诉讼请求（撤销行政处罚）、抗辩理由（诉讼时效届满）、程序（申请管辖权异议）。

- 作用：庭审可能出现的攻防路径，优化诉讼方案。
- 示例：举证责任如何分配？

“若对方主张【抗辩理由】，我方可通过【具体证据/法律依据】进行何种反击？”

DeepSeek 的回答

一、预判的核心步骤

1. 梳理案件事实

- 明确案件性质（民事、刑事、行政）、争议焦点和法律关系。

• 整理时间线、关键证据（书证、物证、证人证言、鉴定意见等）及双方主张。

• 注意是否存在法律事实争议（如合同效力、因果关系、主观过错等）。

2. 法律要件分析

• 根据争议焦点，匹配相关法律条文（实体法 + 程序法）。

• 拆分法律构成要件，逐一对照案件事实是否满足。

• 例如：合同纠纷需分析是否满足“要约—承诺”“违约行为”“损害结果”等要件。

3. 证据效力评估

• 合法性：证据来源是否合法（如非法取证可能被排除）。

• 关联性：证据是否直接指向争议焦点（如间接证据需形成证据链）。

• 证明力强弱：书证 > 物证 > 视听资料 > 证人证言（需结合具体情况）。

4. 类案检索与司法倾向

• 通过裁判文书网、法律数据库（如北大法宝、威科）检索类似案例。

• 关注管辖法院或上级法院的既往裁判倾向（如对某一法律问题的解释偏好）。

5. 程序性风险点

• 诉讼时效、举证期限、管辖权异议等程序问题是否可能影响结果。

• 是否存在回避事由、证据突袭等可能影响庭审节奏的因素。

二、预判的关键维度

1. 实体结果预判

• 胜诉可能性：基于法律要件和证据匹配度，划分高、中、低风险。

• 赔偿 / 量刑范围：例如，民事案件中可参考类似案件的赔偿比例，刑事案件中可结合量刑指导意见预判刑期。

2. 庭审过程预判

• 争议焦点：法官可能归纳的核心问题（如合同条款解释、侵权行为认定）。

• 质证难点：对方可能攻击的证据薄弱点（如证人可信度、鉴定程序瑕疵）。

• 调解可能性：根据双方诉求差距、证据强弱判断是否可能当庭调解。

3. 法官裁量权的影响

某些法律问题存在解释空间（如“合理期限”“显失公平”），需结合法官既往判例风格预判。

社会影响较大的案件可能受到政策或舆论的潜在影响（需谨慎评估）。

三、预判的局限性

• 证据突袭：对方当庭提交新证据可能颠覆原有预判。

• 法律适用争议：对同一法条的不同理解可能导致结果差异（如“善意取得”认定）。

• 非法律因素：人际关系、地方保护主义等潜在干扰（尤其需注意行政诉讼、商事纠纷）。

• 法官自由心证：证据链的内心确信可能受主观经验影响。

四、实务建议

制作争议焦点清单：提前模拟对方可能提出的抗辩点，并准备回应方案。

可视化图表辅助：用时间轴、法律关系图等工具帮助法官快速理解己方逻辑。

动态调整策略：根据庭前会议、证据交换情况及时修正预判结论。

风险预案：对不利结果设定备选方案（如调解底线、上诉策略）。

五、示例分析（以民间借贷纠纷为例）

- 案件材料：借条（无利息约定）、转账记录、催款微信记录。
- 预判重点：

借贷合意是否成立（借条＋转账记录可初步证明）。

诉讼时效是否届满（最后一次催款时间在 3 年内）。

利息主张能否获得支持（无约定则可能仅支持逾期利息）。

风险点：若被告抗辩转账为还款或赠与，需进一步举证。

◆ 警惕方向

（1）在实际操作中发现 DeepSeek 对具体法律关系的认定不准确，将股权转让纠纷案件认定成普通合同纠纷，从而对于庭审双方可能出现的情况预判并不准确。

（2）如律师使用 DeepSeek 进行案件情况预判，建议在已有较完整的诉讼方案前提下，以对方为主体进行攻防预判。

（3）DeepSeek 会揣测对话中用户期待的结果再进行案件情况的判断，而庭审情况复杂多变，案件受到程序、客户、外部环境等多维度的影响，预判结果可能不准确。

6.5 庭审结果预判

律师开完庭总会被当事人问到“× 律师，这案子能赢吗？”或者“× 律师，这案子什么时候判决啊”。有经验的律师往往开完庭往往对案件结果就会有一定的判断，而新手律师可能对法庭调查中法官问的问题或者要求律师庭下核实问题不明所以，无法对案件后续情况做出一个准确的判断，会出现庭后沟通不力造成案件败诉的后果。而 DeepSeek 可以辅助律师对法庭发问问题进行分析，从而在二次开庭或庭后可以及时预判案件走向和关键点和法官进行沟通。

【我是一名资深律师，民间借贷案件，作为被告代理人认为双方为投资合作关系，原告在庭审中提交以下证据和答辩意见证明双方为借贷关系，法官要求我核实原告投资情况和亏损情况，但由于本案多人投资，我方无法拆分原告投资金额，请根据以上描述对庭审结果进行预判，同时生成庭后核实意见】

◆ 使用逻辑

上传已有文书进行优化，或提前生成模板按照模板进行提问。

◆ 提问 AI 的指令

建议同第 6.4 节对庭审情况的预判情况进行拆分提问，如何拆分提问在此就不过多赘述了。

（1）明确案件类型和核心事实：梳理案件的法律关系、争议焦点、证据强弱。

（2）投喂法律规则和类案数据：通过历史判例和法官倾向预测法律适用可能性。

（3）模拟对抗性场景：预判对方可能的抗辩逻辑和证据反击点。

（4）量化风险与收益：评估胜诉率、赔偿范围、时间成本等。

DeepSeek 关键词

（1）法官 / 合议庭问题倾向分析

“法官在法庭调查时着重对案件 ×× 进行询问，要求我方提交该类证据，对案件结果有何影响？”

（2）证据链与对方策略模拟

“对方当庭主张新事实，能否模拟抗辩路径？”

“根据类案数据，若我方缺乏 ×× 关键证据，败诉风险会提高多少百分比？”

（3）庭审程序与风险预判

“若对方申请鉴定 / 追加第三人，可能对庭审周期产生多大影响？”

（4）综合结果预测

“基于当前证据和类案数据，预测本案的调解成功率、一审胜诉率及二审改判概率分别是多少？”

“赔偿金额的预测区间是多少？影响金额的关键变量是什么（如过错比例、损失计算方式）？”

DeepSeek 的回答

针对您所述的民间借贷纠纷案件，作为被告代理人主张双方为投资合作关系，需从法律逻辑、证据对抗及法官审查要点三个层面综合分析。以下是分步骤的法律意见及应对策略。

一、庭审核心争议焦点预判

1. 法律关系定性

• 法官将重点审查双方是否存在借贷合意（如借条、利息约定、还款期限）或投资合意（如合作协议、共担风险条款、分红约定）。

• 原告若提交转账记录、固定收益承诺等证据，可能强化借贷关系主张；被告需证明资金用途为项目经营、风险共担或利润分配规则。

2. 原告投资与亏损的关联性

• 若原告主张借贷，其投资金额及亏损情况与案件无直接关联；若法院认为可能构成投资合作，则需审查原告是否实际参与经营、亏损是否真实发生。

3. 多人投资的举证责任分配

• 原告需对其投资金额及亏损承担初步举证责任（如转账凭证、投资协议），若其无法拆分具体金额，可主张其举证不足，无法证明实际投入及损失。

二、庭审结果预判及应对策略

情景 1：原告证据薄弱（如仅有转账记录，无借贷合意证据）

预判结果：法院可能倾向认定投资合作关系，驳回原告诉请。

被告应对：

• 强调《民法典》第 667 条（借贷关系需明确合意），主张原告未证明借贷合意。

• 引用《最高人民法院关于审理民间借贷案件适用法律若干问题的规定》第 15 条，要求原告进一步举证借贷合意。

• 以“多人投资无法拆分”为由，说明原告未履行投资合作中的注意义务，风险应自行承担。

情景 2：原告提交借条、固定收益承诺等关键证据

• 预判结果：法院可能认定借贷关系成立，但需审查是否存在“名为投资，实为借贷”的情形。

• 被告应对：

➢ 攻击证据真实性（如借条签署时间与项目启动时间矛盾）。

➢ 主张固定收益条款符合投资合作中“保底条款”，援引《全国法院民商事审判工作会议纪要》（以下简称《九民纪要》）第92条，主张保底条款无效，整体法律关系仍为投资[1]。

➢ 提出“多人投资”导致原告无法证明其独立债权，主张原告应通过合伙纠纷另案解决。

三、庭后核实意见框架（供提交法院）

1. 针对法院投资情况的质疑

- 原告未提供投资协议、项目账目等证据，无法证明其资金性质为“投资”或“借款”；

- 多人投资模式下，原告未提交其投资份额、分红比例的书面约定，应承担举证不能后果；

- 建议法院要求原告补充提交投资明细、项目财务审计报告，否则推定其主张不成立。

2. 针对亏损情况的抗辩

- 原告未证明亏损与被告行为的因果关系，且未提供亏损计算依据；

- 若为投资合作，亏损风险应由全体投资者共担，原告无权单独主张返还本金；

- 申请法院责令原告提供项目整体收支情况，否则应驳回其关于亏损的主张。

〔1〕 该条款与问题关联性不大，因 DeepSeek 为通用大数据模型，法律条款错误引用地方较多。

3. 程序性建议

– 如法院认为需进一步核查，建议依职权调取项目银行流水、会计凭证等原始证据；

– 申请追加其他投资人作为第三人参与诉讼，以查明资金性质及分配规则。

四、补充行动建议

1. 证据补强

立即收集微信聊天记录、会议纪要、分红记录等，证明双方曾明确约定合作模式。

若项目存在其他投资人，争取其出具书面证言，证明资金性质为投资。

2. 类案检索

检索“名为投资实为借贷”“多人投资法律关系认定”的当地判例，提交法院参考［如（2023）京民终 ×× 号类似案例］。

3. 调解兜底

若证据不利，可协商以“部分返还 + 分期支付”方式调解，避免判决认定借贷关系后引发执行风险。

五、关键法律依据

《民法典》第 667 条（借贷合同定义）

《最高人民法院关于审理民间借贷案件适用法律若干问题的规定》第 15 条（举证责任分配）

《九民纪要》第 92 条（保底条款无效规则）[1]

《民事诉讼法》第 64 条（举证责任）

---

〔1〕《九民会议纪要》本身并不具有法律效力，因此不能直接作为法律依据。

总结：本案胜败关键在于能否切断原告证据与借贷合意的关联，并通过“多人投资无法拆分”削弱其主张。庭后应聚焦攻击原告举证不足，同时主动申请法院调查取证，化被动为主动。

◆ 警惕方向

（1）律师可能很难精准描述自己目前的问题，所以总感觉 DeepSeek 回答的驴唇不对马嘴，但笔者依旧建议使用 DeepSeek 作为思路拓展工具，不要完全依赖 DeepSeek 的回答；

（2）DeepSeek 仍引用《九民纪要》条款，同时该条款于提问问题关联性不大，类似问题在 DeepSeek 使用过程中比较常见。

（3）就结果概率预测而言，目前 DeepSeek 预测结果与实际差距较大，请各位警惕。

6.6 高情商发言转换

在律师或者法务的工作中，专业能力与沟通能力如同天平的两端，法律人都缺一不可。许多法律人虽精于法律条文与案件分析，却在与客户、司法机关、行政机关或单位领导的沟通中屡屡受挫。当事人可能因律师生硬的措辞误解案件风险，法官可能因缺乏同理心的陈述降低对律师专业度的信任，团队协作中过于直接的表达也可能引发内部矛盾。

这种“专业硬实力”与“沟通软实力”的失衡，往往导致案件结果偏离预期，甚至影响律师的职业发展。传统解决方案依赖个人经验积累或外部培训，但耗时耗力且难以标准化。DeepSeek 作为本土化 AI，对于中文的理解分析能力强，正是可以帮助法律人进行高情商措辞的利器。使用 DeepSeek 精准的语言重构能力，将法律人的专业内核包裹于得体、高效的表达形式中，弥补人际沟通的缺陷。

◆ 使用场景

场景 1：

客户王女士因房屋买卖合同纠纷已焦虑数月，律师通过法律分析确认案件胜诉率较低。若直接告知其“本案败诉风险高达 80%”，可能加剧客户情绪崩溃。此时可将原始结论输入 DeepSeek，要求生成既保持法律严谨性，又体现共情力的表述：

“王女士，我们充分理解您对本案结果的担忧。经全面检索类案，当前司法实践中类似情形的救济路径确实存在一定局限性。但我们已制定多套应对方案，包括通过补充证据链争取调解机会、探索违约责任转化路径等，后续将与您详细探讨最优策略。”

场景 2：

律师需向法官提交一份延期举证申请，若草拟“因我方取证困难，申请延长举证期 20 天”，可能被视为缺乏准备充分性。通过 AI 转换后可生成：

“尊敬的法庭：鉴于本案涉 ×× 证据调取需协调异地行政机关，为保障举证内容的完整性与真实性，恳请贵院酌情延长举证期限。我方承诺在 ×× 日前完成证据梳理，并附初步取证进展清单供法庭参阅。”此类表述既阐明客观困难，又彰显专业负责态度。

场景 3：

当事人张先生委托律师处理劳动争议案件后，未按合同约定支付第二期代理费。若直接发送“请于 3 日内支付欠款，否则我方将终止代理”，可能激化矛盾甚至导致客户流失。通过 AI 转化后可生成：

“张先生，感谢您对我方工作的信任与配合。根据双方签署的《委托代理协议》第 × 条，二期代理费已进入履行期。考虑到本案即将进入关键庭审阶段，为确保服务连贯性及您的合法权益，烦请协助推进费用结算事宜。若有临时资金安排困难，我们可协商分期支付方案。”此表述既明确合同约束力，又预留协商空间，降低沟通对抗性。

◆ 提问 AI 的指令

【作为具备高情商沟通能力的资深律师，你需要将以下法律场景中的原始表述转化为符合目标对象身份、维护合作关系且不丧失专业性的优化版本。

• 场景类型：{ 如客户沟通 / 司法机关交涉 / 团队协作 / 代理费催付等 }

• 目标对象：{ 如客户李某某（民营企业主）/ × 市中级人民法院王法官 / 逾期付费当事人等 }

• 原始内容：{ 如需优化的生硬表述或要点清单 }

• 特殊要求：{ 如需引用特定法律条文、需避免提及的敏感信息、需强调的沟通优先级等 }】

◆ 示范指令

• 风险告知场景

【作为擅长危机沟通的诉讼律师，请将以下案情告知内容转化为能让情绪激动的客户理性接受风险的版本，并避免使用‘败诉’‘赔偿’等刺激性词汇。

原始内容：对方已提交关键证据，我们缺乏反驳材料，法院很可能判我方败诉。】

DeepSeek 生成实例

作为您的代理律师，我理解您目前对案件进展的关切。结合现有情况，我们需要客观评估当前法律程序中的关键节点：对方在举证阶段提交了若干核心材料，而我们在现有资料体系下尚未形成完整的抗辩支撑。这可能导致法庭在事实认定环节面临较大裁量空间。

需要向您说明的是，诉讼程序本身具有动态性。虽然当前证据呈现的态势对我们形成一定压力，但团队已启动多维度应对方案：第一，正在重新梳理案件时间线，挖掘可能被忽略的辅助证据线索；第二，针对对方证据链中的薄弱环节，我们拟通过专家论证等方式建立新的质证角度；第三，已着手准备补充调查申请，争取通过司法程序调取第三方存档资料。

从风险管控角度，建议我们同步推进两个方向：一方面继续完善现有抗辩体系，另一方面保持与对方的沟通，探索通过非对抗性方式达成阶段性共识的可能性。需要特别说明的是，无论采取何种路径，我们都会确保您对每个决策节点的充分知情权和选择权。

请相信，我们的专业团队会持续投入最大努力争取有利结果。建议本周安排专项会议，向您详细说明各项应对措施的具体实施方案，以及不同策略对应的预期效果与潜在风险。在此期间，如有任何新的证据线索或情况变化，请随时与我们保持沟通。

- **代理费催付场景**

【作为处理客户关系的非诉律师，请将以下催款通知转化为既能维护客户关系，又能明确合同义务的版本，并暗示可提供灵活付费方案。

原始内容：二期代理费已逾期 15 天，请立即支付，否则我方将停止服务。】

DeepSeek 生成实例

根据您的要求，结合行业规范与客户关系维护原则，现草拟催款函如下（引用依据已标注）：

致［客户名称］：

谨启者好！衷心感谢贵公司长期以来对我方法律服务的信任与支持。经核查，贵司二期代理费已于［具体日期］到期，截至今日已逾期15日未结清。依据双方签订的《专项代理协议》第×条的约定，逾期款项将自到期日起按每日3‰计收滞纳金，且连续逾期达30日时我方将不得不暂停服务。

考虑到贵我双方长期良好的合作基础，我们特别提请贵司注意：根据《东莞市代理记账行业执业规范》要求，代理机构在持续逾期情形下有义务采取风险控制措施。但为体现合作诚意，我方愿意就以下方案进行协商：

分期支付：可将本期费用分3期支付，首期40%立即支付后即恢复服务；

展期协议：因特殊原因需延期支付的，可签署补充协议约定宽限期；

费用抵扣：可用下期服务费额度进行部分抵扣。

恳请贵司财务负责人于3个工作日内（2025年2月22日前）与我方客户经理［姓名］联系确认付款方式。若已安排付款烦请提供转账凭证，我们将实时更新系统状态。

专此函达，顺颂商祺！

［律所名称］

2025年2月19日

附注：

收款账户：[银行信息]

查询专线：[联系人及电话]

保密声明：本函件内容受《委托代理合同》保密条款约束

通过将 DeepSeek 作为“语言调音师”，律师既能保持专业内核的准确性，又能使表达方式更契合人性化沟通需求。这种技术赋能并非替代律师的沟通主体地位，而是将其从低效的措辞纠结中解放，专注于更具价值的策略制定与关系维护。

第七章

律师营销与运营指南

法律人的人工智能革命：在工具理性与人性温度间寻找平衡点

当 DeepSeek、ChatGPT 等 AI 工具席卷法律行业，一种新的行业焦虑正在蔓延——“不会使用 AI 的律师将被时代淘汰”。在营销领域，这种焦虑被演绎为”律师自媒体 +AI= 流量密码”的行业神话。但作为深耕法律自媒体的实践者，我更愿将这场技术变革视为一场理性与温度的平衡实验。法律工作的本质是严谨的论证体系：通过法条解构、逻辑推演、案例比对的精密齿轮，驱动事实认定与法律适用的终极判断。而自媒体运营的本质是人格化建构：需要将专业壁垒转化为情感共鸣，将知识储备升维为价值输出。AI 生成的文本看似逻辑严密，却始终缺失法律人特有的思辨痕迹——那些在法条缝隙中生长的同理心，在案例比对里沉淀的行业洞察。

本章将从利用 DeepSeek 当作工具提高生产力角度，给各位提供思路。

以抖音短视频创作为例，AI 可以高效完成：

法言法语→大众语言体系的转换

专业内容→碎片化表达的拆解

知识图谱→场景化叙事的重构

但真正的传播魔法，永远来自法律人独有的“认知温差”：用从业者的专业视角解构社会热点，以亲历者的真实经历重塑行业认知。可以尝试，但不建议依赖，毕竟没有“人感”的自媒体账号，有点无聊。

AI 工具带来的不是替代危机，而是认知升维：当法律人插上 AI 双翼，真正的腾飞秘诀在于：

保持专业深度的锐度 + 提升技术运用的效度 + 坚守人性温度的态度。

这场人机协同的进化实验，终将证明：最强大的生产力工具，永远是法律人永不停歇的思考与永葆温度的专业良知。

希望各位不是“求求 AI 不要抢饭碗”，而是努力抢回来这个饭碗，让它知道谁才是这个世界的主任（是主任，不是错别字，毕竟是写给各位法律人的书）。

7.1 公众号撰写

法律类公众号完全可以在保持专业调性的前提下，利用 DeepSeek 实现知识传播与品牌价值的双重突破。但最终考验的，仍是法律人将抽象法理转化为具象价值的能力，这正是人工智能无法复制的核心竞争力。

场景 1：当你写出一篇公众号文章，想有一个更吸引人的标题，可利用 DeepSeek 优化符合传播的题目

◆ 使用逻辑

1. 主体定位：专业律师 + 运营新人

例如：作为刑事辩护律师兼自媒体运营者，如何将取保候审实务经验转化为 10 个吸睛短视频选题？

2. 明确目标：需要明确营销目标（如引流、品牌曝光、客户转化）以及公众号的定位（专业法律知识、案例解读、法律咨询等）。逻辑：目标→受众需求→内容形式→ AI 工具选择。

3. 分解任务：将公众号运营拆解为选题、内容生成、排版优化、数据分析等环节，针对每个环节向 AI 提问。逻辑：任务类型→输入信息→期望输出→优化方向。

4. 具体化需求：需要清晰的指令，避免模糊提问。例如，需明确内容风格（专业严谨、通俗易懂）、符合律师人设、兼顾法律严谨性与情感共鸣点、目标群体（为 30～40 岁女性、刑事家属等）、字数限制（题目字数控制 20 字以内）、案例类型（刑事、婚姻、股权等）。逻辑：场景→具体需求→格式要求→限制条件。

5. 在输出内容前优化：广告法违禁词过滤（百分百胜诉方案），营销焦虑（不这样做你就输了），过度承诺:（轻松拿到赔偿金）。

◆ 提问 AI 的指令

【普通人如何规避法律风险？请将其改为一篇公众号文章的题目，符合律师人设，不要太浮，目的是增加阅读量】

关键词：痛点（加班费争议）、情绪词（紧急、必知）、增加数字（3 步维权）、疑问句式（你的加班费算对了吗）。

例如：现有标题《劳动法解读：加班费计算方式》，请优化为 5 个更吸引流量的标题，要求突出痛点和紧迫感。

我让 Deepseek 帮我改写了一下我公众号（律苗大棚）的文章标题，大家可以感受下哪一个更好。

我写的:《法律人 AI 使用指南（附赠 Deepseek 给律师年入百万的建议）》

DeepSeek 写的:《律师必看！法律人 AI 实战指南：5 大工具解

析 + DeepSeek 年入百万秘籍（附资源包）》

我写的：《没有带教，实习律师如何自我提升？》

DeepSeek 写的：《实习律师独立成长指南：无导师带教的 5 大突围路径》《从菜鸟到专业：实习律师没人带时的“偷师”秘籍》《90% 实习律师不知道：无带教如何借力律所资源快速升级？》

我写的：《普通人如何规避法律风险？这几点很重要》

DeepSeek 写的：《警惕！这 8 种行为正在让你“踩雷”，普通人必看的法律避坑指南》《律师警告：这些“小事”可能坐牢！2025 年最新法律雷区盘点》《避免“好心办坏事”：这些法律常识能救急》

大家可以感受下，DeepSeek 的标题起的就比较像营销号的文章，但是不得不说，DeepSeek 生成的公众号题目虽然更容易吸引读者点开阅读，可是如果公众号里都是这种标题的文章又和律师的专业人设不符合，所以律师可以根据 DeepSeek 生成内容进行二次创作，比如说我写的《没有带教，实习律师如何自我提升？》而 DeepSeek 改的《实习律师独立成长指南：无导师带教的 5 大突围路径》，可以融合一下变成《实习律师独立成长指南：自我提升》。

在没有选题思路时，可以考虑使用 DeepSeek 生成选题，需先明确选题场景，再进行提问。

1. 场景延伸：《股东退出机制设计全流程指南》（已帮助 37 家企业完成平稳过渡）

2. 用户视角：《你以为的完美代持协议，可能正在触犯新公司法隐性红线》《二手房交易必读：民法典新规下必须核验的 5 个产权细节》

3. 营销优化：《××法修订倒计时：企业必须更新的 3 个合规姿势（附应对手册）》《从败诉案例反推：股权代持协议必须写明的 7 个条款》

DeepSeek 生成实例

“紧急避坑！你的加班费被少算了多少？最新计算公式速查”

“血汗钱保卫战：80% 人不知道的加班费计算漏洞，今天必须学会！”

“老板不会告诉你的加班费陷阱：这样算每月多拿 30%！立即对照”

“深夜加班必看！劳动法新规：这些情况可索赔 3 倍工资”

“工资条注意！本月起加班费这样算才合法，错 1 步损失上千元”

◆ 警惕方向

1. 请勿使用绝对化用语如 100% 胜诉，需符合《律师执业行为规范》。

2. 从自媒体角度来说，如果长期采用标题党的形式来吸引客户，可能会引起粉丝的反感。

场景 2：输出专业文章时候，内容比较少，逻辑也有点不通畅，利用 DeepSeek 多写点

◆ 使用逻辑

1. 描述基本情况

（1）法律领域（如民商、刑事、拆迁、股权、婚姻等）

（2）目标人群（企业客户、个人用户、劳动者、消费者），或者更明确（社区大爷大妈、“90 后”“00 后”女性、高净值企业家）

（3）地域（北京地区、互联网大厂）

（4）内容类型：普法文章、案例解读、法律资讯、实操指南、热点评论

2. 分层次细化问题

（1）明确主题方向

“如何分析《中华人民共和国民法典》中居住权条款的司法实务适用难点？”

“国际投资仲裁中公平公正待遇原则的演变趋势是什么？”

关键词：法律领域（如民法、国际仲裁）、具体制度（居住权、公平公正待遇）、研究角度（司法适用、演变趋势）。

（2）要求结构化输出

“请以「问题提出—法律依据—案例支撑—争议焦点」为框架，分析网络直播打赏的法律性质。”

“归纳《中华人民共和国个人信息保护法》中知情同意规则的三个实施难点，并各附一个案例说明。”

关键词：框架分析、争议焦点、案例归纳、实施难点。

◆ 提问 AI 的指令

【以 315 维权为主题，写一篇 800 字的律师公众号文案，用于 ×× 工会宣传使用】

DeepSeek 生成实例

315 维权指南｜工会律师教你守护“钱袋子”，这些法律武器必须知道！

今天是第 43 个国际消费者权益日，当“打假”成为全民热议话题，作为劳动者和消费者的双重身份，您是否清楚自己享有的 9 大法定权利？遭遇侵权时又该如何高效维权？×× 工会特邀专业律师团队，结合典型案例，为您送上这份“法律武器库”。文末更有工会法律援助绿色通道等您解锁！

一、九大权利：从“买买买”到“薪薪相惜”，这些权益必须牢记

根据《中华人民共和国消费者权益保护法》和《中华人民共和国劳动法》，劳动者在日常消费和职场中均享有不可侵犯的法定权利。

安全保障权：网购到变质食品？工作环境存在安全隐患？您有权要求商家或用人单位提供安全的产品和服务。

知情权与选择权：商家隐瞒商品瑕疵？企业未告知岗位调整风险？您可依法主张知情权，拒绝“信息不对称”陷阱。

公平交易权：遭遇“大数据杀熟”或工资拖欠？工会提醒：保留消费记录、劳动合同等证据，这是维权的关键凭证。

获赔权与监督权：若因商品缺陷受伤，或遭遇违法解雇，您不仅能索赔，还可通过工会向监管部门举报。

工会行动：2024 年，×× 工会通过“五方联动”机制（工会 + 人社 + 司法 + 法院 + 检察院），成功为职工追回欠薪、工伤赔偿等损失超 500 万元。

二、维权实战：从“取证”到“索赔”，四步走[1]稳赢局面

场景 1：网购遇假货？律师支招“三步取证”

即时取证：截图商品页面、保存聊天记录，使用“可信时间戳”固化证据。

平台投诉：通过“12315”小程序提交证据，要求平台先行赔付。

工会助力：若协商无果，×× 工会可提供免费律师函服务[2]，直击商家痛点。

---

〔1〕 DeepSeek 常出类似现此处逻辑不符的情况“×× 四步走”正文内容并没有四个步骤的情况。

〔2〕 DeepSeek 自动生成免费服务，是否可以免费服务需要实际情况进行判断。

场景 2：职场遭遇“变相裁员”？这些红线不能踩

典型案例：某鞋厂员工刘某被无故辞退，工会联动劳动监察部门，3 天内促成调解并获经济补偿。

应对策略：要求企业出具书面解除通知，并立即向工会申请“争议调解”，避免证据灭失。

三、工会赋能：从“单打独斗”到“全程护航”，您的维权后盾在这里

法律咨询零距离：×× 工会公众号已开通“智能法律助手”，输入关键词即可获取《维权操作手册》及文书模板。

调解仲裁加速度：2024 年，我们通过“法院 + 工会”诉调对接模式，将劳动争议解决周期缩短至平均 15 天。

典型案例库：定期发布“维权胜诉案例”，如某快递员因车辆油耗纠纷获赔、某护士孕期调岗维权成功等，为职工提供实操参考。

四、互动有礼：维权知识挑战赛，赢工会定制“法治福袋”

即日起至 3 月 20 日，参与公众号“315 维权知识答题”，得分前 50 名可获得以下奖励。

权益保障包：含《劳动合同风险排查表》《消费维权证据清单》电子版；

专属服务：优先预约工会律师一对一咨询。

写在最后

维权不仅是一项权利，更是一种能力。×× 工会始终坚信：每一次勇敢发声，都在推动社会向更公平的方向迈进。如果您正面临权益困境，请记住：

“工会的使命，就是让劳动者的每一份付出都被尊重，每一滴汗水都不被辜负。”

立即点击菜单栏“法律服务”，开启您的维权之旅！

编辑 | ×× 工会法律服务中心

设计 | 用数据说话，用案例护航

审核 | 让维权更简单，让职工更安心

◆ 警惕方向

1. 从上述文章可以看出来，DeepSeek 在长文章创作中总“创造性”地弄一个不存在的东西来支撑它文章的逻辑，例如，“《劳动合同风险排查表》《消费维权证据清单》电子版”，所以对于律师来说提问和修改成本也很高。

2. 在使用过程中发现生成文章更容易编造案例，例如，DeepSeek 在案例中说 Z×× 篮球运动员申请工伤案例，同时把申请工伤的地点和时间都写了出来，然后有模有样写一堆法律分析，而在互联网上检索后发现只有 Z×× 篮球运动员受伤的新闻，有律师解析可能涉及工伤但并无终审判决作为支撑，所以律师对于 DeepSeek 的内容应当进行二次、三次的核对。

7.2 短视频平台脚本设计

法律从业者在短视频领域面临的创作挑战，是内容无法平衡法律专业度与网感，律师把控专业文书写作与短视频创作存在显著差异，传统法律文书：严谨性 > 传播性，而视频脚本创作：需平衡专业性与传播性。对于关键创作也存在瓶颈：黄金三秒法则应用困难、用户互动引导技巧不足、法律知识通俗化转化障碍等。

所以可以利用 DeepSeek 智能化创作并解决以上问题，目前 DeepSeek 可以针对多平台适配引擎，如抖音 / 快手 /B 站差异化脚本生成，并根据平台推荐算法优化建议。内容上也可以针对法律咨询场景化引导设计，或者干脆投喂法规条款要求 DeepSeek 提供生活化解读方案。

场景 1：带教律师说：“小徐，咱们蹭下哪吒的热度，给我写一个离婚解纷的脚本。”

◆ 使用逻辑

1. 描述基本情况

受众：中小企业老板、女性、犯罪嫌疑人家属、劳动者[1]

核心目标：普法宣传、案源转化、建立专业人设、解读热点案件

形式：口播、情景剧、图文动画、纯文字、无特效

具体法律问题：离婚冷静期、公司如何合法解除劳动者

风格要求：严肃、轻松、吐槽、符合律师人设

2. 组合关键词提问：领域词 + 痛点词 + 热词

例：婚姻家事（领域）+ 净身出户（痛点）+ 2024 新规（热词）

◆ 提问 AI 的指令

【我是一名律师助理，我需要一个抖音爆款短视频脚本，时间在一分钟左右，需要哪吒和离婚纠纷相结合，不要使用特效，制作简单使用剪映即可完成，目的是吸引 30 岁以上的女性阅读，并向我进行付费法律咨询】

DeepSeek 生成实例

脚本标题：《哪吒教你打破婚姻困局：30+ 女性的逆袭指南》

时长：60 秒

核心结构：痛点共鸣→文化符号赋能→法律解决方案→行动呼吁

〔1〕针对不同的人物画像进行提问。

【场景1：开场共鸣】（0:00-0:10）

画面：黑底红字，剪映“综艺感”文字模板滚动切入

文案：

30+ 的婚姻困局：

╳隐忍妥协换不来尊重

╳财产分割总被算计

╳孩子抚养权争夺艰难……

你，还要认命吗？

背景音：低沉的鼓点声（剪映音效库“啵”）

设计逻辑：直击30+女性在离婚纠纷中的常见困境（财产分割模糊、抚养权争议），用反问引发情绪共鸣，呼应哪吒“不认命”精神。

【场景2：文化符号赋能】（0:11-0:25）

画面：哪吒经典形象插画（静态）+ 动态文字浮层

文案：

『若命运不公，就和他斗到底』——哪吒

婚姻不是枷锁，

你的命，该由你说了算！

背景音：电影原声台词“我命由我不由天”。

设计逻辑：借哪吒反抗精神（道家思想内核）消解“离婚羞耻”，强化女性自主权。引用方言台词（如四川话“急急如律令”）可增加亲切感，但需字幕辅助。

【场景3：法律干货植入】（0:26-0:45）

画面：分屏对比（左侧问题 / 右侧解决方案），使用剪映“气泡”文字模板

文案：

「问题陷阱」→「破局之道」

协议写“财产已分割”？→必须列明房产、股票细节

对方转移存款？→律师可查 2 年内流水

抚养权证据不足？→收集陪伴记录 + 经济证明

设计逻辑：提炼离婚纠纷高频雷区（多份协议效力冲突、隐藏财产），以“哪吒式破局”类比法律手段，符合 30+ 女性理性决策需求。

【场景 4：行动号召】（0:46-0:55）

画面：律师形象素材 + 滚动联系方式，剪映“手写字”模板

文案：

现在咨询，免费领取：

□《离婚协议避坑清单》

□《抚养权取证指南》

□ 评论区留言【逆袭】，私信领取！

背景音：激昂琵琶音效（呼应传统文化元素）

设计逻辑：以“对抗命运”话术（如“逆袭”）降低法律咨询压迫感，提供可落地的“武器库”（清单 / 指南），符合该群体对隐私保护的需求。

【场景 5：金句收尾】（0:56–1:00）

画面：火焰特效字（剪映预设模板）

文案：

人心中的成见是座山，

但法律，能为你开天辟地！

背景音：电影原声混剪（刀剑碰撞声 + “急急如律令”）

设计逻辑：化用哪吒台词“人心中的成见像大山”，将“法律”

具象化为开山斧，完成从文化共情到专业信任的转化。

制作指南

文字排版：

主文案用“综艺感/气泡”模板突出关键词，字号≥36确保可读性。

法律条款用“手写体”模板增加亲和力，避免生硬感。

音效搭配：

鼓点/刀剑声强化抗争情绪，方言台词须添加字幕。

合规提示：

规避“最专业”“必胜”等违禁词，改用“避坑”“指南”等中性表述。

素材使用无版权插画或剪映内置素材库。

该脚本通过“文化符号+法律工具”的双重赋能，精准触达30+女性“情感共鸣→理性决策”的心理路径，同时符合短视频平台的流量逻辑与法律内容合规要求---［转化设计］---

私信话术：您是哪吒型还是敖丙型离婚?

免费阅读:《婚姻渡劫手册》电子书（内含72个取证技巧）

付费阶梯：199元神器包（律师函模板）+4999元全案服务

该脚本通过：

（1）深化解构降低法律咨询压迫感

（2）精准打击30+女性三大痛点：子女/财产/尊严

（3）建立维权即重生的认知闭环[1]

建议配合婚姻渡劫话题挑战赛，用变装视频实现病毒传播。

---

〔1〕 DeepSeek生成内容并不完整，生成的内容无法实现什么叫“认知闭环”。

◆ 警惕方向

（1）哪吒和婚姻这个脚本和 DeepSeek 对话近十次才生成该脚本，娱乐属性大于律师属性。法律行业注重严谨性和权威性，使用 DeepSeek 生成的内容可能被客户或同行质疑专业度，影响职业声誉。

（2）律师对于法律问题敏感度较高，容易陷入对于 DeepSeek 生成营销运营手段陷阱，引发客户反感；

（3）在短视频领域对于律师成案转化率、案源质量都不高，而 DeepSeek 生成短视频文案营销性质和娱乐属性过强，建议律师慎重考虑。

场景 2：已有脚本的情况下，要求 DeepSeek 根据平台特性进行优化。

◆ 使用逻辑

（1）明确基本问题

- 明确文案改写的是什么：脚本、口播、剧情、优化前 3 秒跳出率、优化完播率、优化转粉率、引导用户咨询法律问题。
- 明确账号定位：普法宣传、案源转化、建立专业人设、解读热点案件。
- 根据自身自媒体账号触达粉丝画像：如中小企业老板、女性、犯罪嫌疑人家属、劳动者。
- 优化输出方式：按照「开场」「步骤」「结尾」进行输出、利用秒级钩子 + 情绪曲线对抗短视频平台的 3 秒流失率、设计“流量—留存—转化”闭环制作直播脚本。

（2）分段式提问

- 目标定位：请分析原稿的核心法律知识点（如劳动法 / 婚姻法）与目标受众（企业主 / 离婚女性）的匹配度 / 该内容需要强化专业权

威感还是增加情感共鸣？

• **结构优化：** 原稿的 3 个法律要点中，哪个信息层级最不清晰？按照符合短视频逻辑来结构重组。

• **语言转化：** 例如，将第 2 段 ×× 法律术语转化为 ×× 场景的比喻表达。在 ×× 段落生成可视化表格。

• **指令参考：**“请将以下劳动纠纷文案：用取证风险—赔偿计算—仲裁技巧重构逻辑，并在每部分插入微信聊天记录取证具体操作指引，同时优化公司最怕员工知道的 3 个时间节点，增加标题悬念感，结尾引导关注账号”。

◆ 提问 AI 的指令

【我是一名律师，根据上传的文案设计成一份更适合抖音平台传播短视频口播】

关键词

（1）法律专业

• **核心法条：** 民法典第 ×× 条 / 劳动仲裁流程 / 证据链要件

• **场景标签：** 企业合规 / 婚姻财产保全 / 交通事故定责

• **权威背书：** 最高人民法院指导案例 / 行业白皮书数据

（2）用户痛点

• **危机词：** 恶意欠薪 / 净身出户 / 保险拒赔

• **决策词：** 诉讼时效 / 赔偿标准 / 取证要点

• **结果词：** 双倍工资 / 抚养权归属 / 工伤认定

（3）传播裂变

• **悬念钩子：** 公司突然辞退你时，第一通电话应该打给谁

• **行动指令：** 保存这条视频，关键时刻能自救

• **社交货币：** 90% 人不知道的取证冷知识

这个是我之前公众号的文案，输入至 DeepSeek 内进行改写。

• 原文案

《律师针对打工人工作期间「证据意识」的实用指南》

一、劳资纠纷的证据意识：不要等离职的时候才想起来收集证据，有的劳动者离职的时候都不清楚他《劳动合同》《员工手册》《竞业限制协议》是怎么签的。

1. 保留签署过的基本文书,《劳动合同》《员工手册》《竞业限制协议》是基础，签署过的其他文件包括《变更劳动关系》等原件或扫描件也要妥善保管。

2. 保留会议签到表、排班表等，作为律师代理劳动者主张加班工资成功的都因为有这类证据。

3. 录音，请记住没有无缘无故的“小王，来我办公室一趟”，建议小王去的时候带着手机录好音，有用!

4. 不要在任何白纸上签名，抽屉上锁，电脑锁屏，和自己有关系的文件可以拿回家的就拿回家。

5. 定期导出 OA 系统 / 钉钉的考勤、加班审批截图，以免公司停了系统什么都没有了。

二、打工人也要有刑事意识

1. 感觉公司可能涉嫌违法犯罪怎么办？立即离职并保留工作内容证据（非敏感信息），要是脑子里闪过“这事对不对”？默认不对就对了!

2. 避免使用“不给赔偿就曝光公司偷税”等威胁性语言，可能构成敲诈勒索。举报技巧：通过匿名信、税务局官网等正规渠道提交证据，不私下交易。

三、打工人也会被公司坑

1. 不担任空壳公司法人、监事，避免替公司贷款担保。

2. 不使用个人银行卡、支付宝代收公司款项，如遇强制要求，保存书面 / 录音证据。

3. 公司要求"奖金发完再退回"书面注明"此款项为公司要求代转"或者转回给公司给老板截个图发给他"你要的钱我转过去了"。

4. 更要拒绝替公司取现金、送现金给客户，坚持通过公账交易并留存凭证。

四、终极原则

1. 定期归档：每月整理工作证据，电子版 + 纸质双重备份。

2. 察觉异常时，第一时间咨询公权力机关或律师。

3. 证据不是"临时抱佛脚"，而是日常工作的"防护盾"，越早建立证据意识，越能掌握职场主动权！

DeepSeek 改写实例

【口播文案】（语气节奏紧凑，每句间隔 1 秒供换气）

（开场举手机怼脸）

"打工人必看！律师亲授 4 招证据暗号！公司删记录前速存！（停顿）

不学这些，被坑时连律师都救不了你！（快速切镜头）"

（侧身指屏幕）

"第一招：入职三件套给我焊死在手机里！（手势比√）

劳动合同拍三遍！员工手册扫进邮箱！竞业协议锁保险箱！（语速加快）

重点！会议表排班表存云盘！这是要加班费的唯一密码！（敲桌

强调)"

(突然压低声音凑近镜头)

"听到老板说来趟办公室?(左右张望)

立刻!马上!手机开飞行模式录音!(演示点击录音动作)

记住!白纸签名=卖身契!抽屉上锁!电脑设置15秒自动锁屏!(指眼睛手势)"

(突然变严肃脸)

"现在说保命重点!发现公司搞事情?(摆手后退)

立刻!跑路!截图工作记录!但别碰机密!(食指警告)

威胁老板不给钱就举报?恭喜喜提敲诈勒索套餐!(冷笑摇头)"

(掏证件展示)

"律师教你正确操作:奖金退回备注公司强制代转!(手机打字特写)

用个人卡收公司钱?立刻截图+录音+写备忘录!(三指比划)

记住!替公司取现送钱?达咩!必须公对公留凭证!(交叉手势)"

(突然换欢快语气)

"终极奥义!(打响指)

每月1日定闹钟!三分钟搞定考勤截图+文件备份!(手机操作演示)

电子版传云盘!纸质版塞档案袋!U盘锁进床头柜!(快速切换画面)"

(怼脸+指镜头)

"现在!立刻!马上!

评论区扣防坑领《证据收集清单》!

关注@×××！下期教你怎么用录音让公司赔10万元！（眨眼）"
（结尾手机爆炸特效+递出文件夹动作）
执行要点：
每说重点/记住/立刻时加重语气+向前倾
提到数字时用手势比划（如三件套伸三指）
切换场景时快速甩头/转身制造节奏感
说到达咩/恭喜等词配合翻白眼/冷笑表情

◆ 警惕方向

1. 检测文案中是否存在极限词以及违禁词，如最高效、承诺100%胜诉等违禁词。

2. 投喂文案需要本人原创，使用人工智能洗稿属侵犯著作权的行为。

3. 如 DeepSeek 生成文案不符合用户人设，可以在同一个问答框内反复生成。

7.3 图文平台文案设计

主流图文平台的差异化运营策略，当前法律垂类自媒体运营的主战场集中于小红书与微博两大平台，二者在推荐机制与内容生态上呈现显著差异：

◆ 微博：倾向人设构建与热点响应

微博以热搜机制为核心，通过话题标签、实时互动和粉丝关系链实现内容扩散，更适合塑造律师个人品牌形象。法律垂类账号可通过深度解读社会热点案件（如离婚冷静期、网络暴力），结合专业观点输出，快速积累公域流量。

笔者运营的微博账号通过精准匹配平台"算法推荐+关注机制"

双轨制，成功跻身法律领域榜单 Top5，验证了其在公共议题讨论中的传播优势。

◆ 小红书：爆款逻辑与年轻化表达

小红书推荐机制更好，其深度融合社交关系网络与用户行为分析，对笔记标题关键词、标签匹配度及用户互动率（点赞 / 收藏 / 评论）赋予更高权重。其算法更青睐符合年轻用户偏好的生活化、场景化内容，如婚姻财产分割指南、职场法律避坑攻略。

实测发现，DeepSeek 等 AI 工具生成的小红书笔记框架（含标题、符号排版、话题标签）能快速适配平台规则，部分生成内容已出现爆款案例。例如，通过“痛点场景 + 解决方案”结构生成离婚协议模板类笔记，其数据表现优于人工撰写的初稿。

尽管 AI 工具能显著提升内容生产效率，但其在法律垂类账号运营中存在明显局限性，法律服务的本质是信任关系的建立，而 AI 生成内容往往缺乏真实案例的情感共鸣与执业经历的细节刻画。例如，遗嘱撰写类内容需融入律师接待客户的具体场景，而 AI 文案易陷入“条款罗列”的机械化表达，难以传递专业温度，同样 AI 生成内容往往更像一个「营销号」，没有专业温度的文章可能无法产生真正爆款文章。

场景 1：将已有文案改写成更符合小红书传播的文案

◆ 提问 AI 的指令

【我是一名律师，根据上传的文案设计成一份更适合小红书传播文案】

关键词

（1）基础信息

- **法律文案类型：**合同，包含隐私条款、免责声明、用户协议

- **使用场景：** 品牌合作、法律产品推广、普法教育
- **平台特性：** 小红书风格、年轻化、轻松易懂、高互动性

（2）针对人群

- **用户画像：** 18 ~ 30 岁女性、职场新人、宝妈群体、劳动者、小红书用户
- **核心需求：** 快速理解法律条款、规避风险、提升信任感
- **痛点关键词：** 条款晦涩、阅读疲劳、专业术语难懂

（3）风格要求

- **风格调性：** 活泼表情包、emoji 穿插、高亮重点、短段落
- **内容结构：** Q&A 问答、情景对话、真实案例故事
- **账号人设：** 专业、严谨

（4）传播目标

- **转化指标：** 提升协议签署率、促进法律咨询预约
- **传播效果：** 引发评论区互动、收藏量破千、点赞
- **情感共鸣：** 建立专业可靠感、降低用户焦虑
- **原文案：**《法律人 DeepSeek 使用指南》

当大家打开 DeepSeek「深度思考」这个功能才能发现这款人工智能工具的好用之处，对于律师来说一定是一个“好助理”。

写在前面：使用前务必警惕以下几个方面：

1. 警惕“假法条”： 最经典就是那个《关于审理民事纠纷案件中涉及刑事犯罪若干程序问题的处理意见》这个最高人民法院并未发布的司法解释，竟然被全国各地各级很多法院适用判案，裁判文书上甚至都可以检索到。

2. 核实发布日期： 案件发生日期适用什么法条，或者是否引用是最新的法条，或者不能用最新的要用旧法，这一定是需要律师来核

查的。

3. 警惕假案例：前段时间国外让 AI 检索案例，结果 AI 瞎编了个假案例，律师提交给法院后才发现，后来给律师执业警告。

4. 法律适用地域性：就比如劳动案件，北京、上海、广州规定就各不相同，所以需要律师看好，别让 AI 张冠李戴了。

AI 这个“助理”能辅助哪些方面。

1. 翻译 / 错别字检查 / 公式计算工作：现在 AI 在法律行业中应用最多的也是这些方面，所以这种基础性的工作让 AI 来完成。

2. 法律意见书适用场景：数据总结以及基本模板类工作批量撰写。

3. 起草合同：律师起草一份合同有时也需要找模板，那就让 AI 给多找几份更贴切的模板，有助于律师草拟合同。

4. 日常咨询：我问了一个成立业主大会的问题，这个问题确实我日常没有接触过，利用 AI 我可以更快速获取到某种我不常接触的法律知识。

◆ 提问关键词参考

1. 法条检索：例如，检索合同纠纷中可以由原告所在地管辖的法律规定；新公司法和旧公司法对比有什么新增内容；有没有关于仿制药的规法律规定。

2. 文书起草：起草一份《房屋租赁合同》，要求包含违约责任、违约金、破坏房屋后的赔偿责任，以及所有权人卖房后租房人理救济措施。

3. 诉讼思路：民间借贷案件，原告已经提出 ×× 和 ×× 和 ×× 证据，我方诉讼请求为 ×××，能否整理几条抗辩思路，或者针对以上原告提出的证据我方可以准备什么证据，或者对方有无可能证据突袭的证据。

4. 案例检索： ××判决书全国没有相反判决。或者北京市海淀区在违法解除前提下继续履行的全部案例。

AI 到底能不能取代律师工作，我的回答是不会取代，但是可以辅助，律师工作本质是「经验」「思路」「解决问题」，而不是按部就班的事务性工作，现在大趋势就是 AI+ 法律，我们需要利用 AI 辅助工作、提高效率。

DeepSeek 改写实例

☐ 律师必备黑科技！DeepSeek「深度思考」竟成办案神队友✨

#法律人必备 #AI 工具推荐 #律师日常

☐ 使用前必看！这些雷区千万别踩！

☐ 假法条鉴别术

《关于审理民事纠纷案件中涉及刑事犯罪若干程序问题的处理意见》这个幽灵法条，竟被全国法院多次引用！每次检索都要开启大家来找茬模式

⏰ 法条时效核查

新旧法交替期办案像拆炸弹，要特别关注案件时间轴 × 法条生效日期的交叉验证！

⏰ 假案例现形记

海外同行用 AI 检索翻车惨案：交完文书才发现案例是 AI 现编的剧本杀，执业警告 +1 的血泪教训[1]

〔1〕 DeepSeek 常生成此种不明所以 + 故作幽默的文案。

⏰地域 buff 叠加

北上广劳动法差异堪比方言差异！AI 可不知道海淀和朝阳的裁判尺度差了几个朝阳群众

□ AI 助理的正确打开方式

☑ 基础事务三件套

翻译校对 × 公式计算 × 文书模板（解放双手从校对错别字开始□）

☑ 文书魔法生成器

3 秒产出《房屋租赁合同》框架

自带违约金条款 / 房屋损坏赔偿 / 买卖不破租赁三件套□

☑ 知识充电宝

成立业委会流程？劳动仲裁要点？

遇到陌生领域秒变法律百事通□

☑ 超实用提问关键词模板

□ 合同纠纷原告所在地管辖依据

□ 新旧公司法对比表

□ 仿制药法规政策包

□ 海淀区违法解除继续履行案例集

☑ 律师核心竞争力不灭定律

经验值 × 办案思路 × 临场应变 ≠ 事务性工作

AI+ 法律 = 超级辅助王炸组合□

☑ 办案效率提升 300% 的秘诀：

1. 关键问题人工复核

2. 地域特征手动校准

3. 核心策略自主决策

☑ 智能时代办案新姿势 get □

从今天开始让你的 DeepSeek 变身

24 小时在线的律所六边形战士吧！ □

法律科技 # 效率翻倍 # 办案神器

↓评论区 get 更多 AI 法律应用场景↓

◆ 或者改写法条

• 原文案：《劳动合同法》第八十七条：用人单位违反本法规定解除或终止劳动合同的，应当依照本法第四十七条规定的经济补偿标准的二倍向劳动者支付赔偿金

DeepSeek 改写实例

小红书爆款改写《被违法辞退别签字！这样算赔偿至少拿 2N！》

1. 先打开手机录音：请问公司辞退我的理由是什么？

2. 马上截图考勤记录 + 工资条（注意拍入公司 logo）

3. 用邮政 EMS 寄《要求继续履行劳动合同通知书》

知识点：每工作 1 年 = 2 个月工资！

（比如月薪 1 万元工作 3 年 = 6 万元赔偿）

评论区发送『被迫离职』获取文书模板：

场景 2：运营图文账号时，律师直接利用 DeepSeek 生成图片

◆ 提问 AI 的指令

【我是一名律师，图片中文字为劳动者维权三部曲，生成一个 html 格式的图片，用于上传到小红书平台作为封面吸引更多的用户点击到我笔记里】

DeepSeek 生成的 HTML 代码右下角有【运行 HTML】点击可以直接生成图片（见图 7–1）。

```html
            <p>♦ 必须依法缴纳<span class="highlight">社会保险</span></p>

            <div class="law-article">
                📖 法律依据:
                <p>《劳动合同法》第十九条</p>
                <p>《劳动合同法实施条例》第十五条</p>
            </div>

            <div class="tip">
                💡 温馨提示:
                <p>试用期也属于劳动关系，用人单位不得随意解除合同！</p>
            </div>
        </div>

        <svg class="decoration" width="80" height="80" viewBox="0 0 24 24" fill="#3498db">
            <path d="M12 2L2 7l10 5 10-5-10-5zM2 17l10 5 10-5M2 12l10 5 10-5"/>
        </svg>
    </div>
</body>
</html>
```

图 7-1 小红书劳动法律知识卡片制作

◆ 使用逻辑

（1）保存为 html 文件后用浏览器打开。

（2）按 F12 打开开发者工具。

（3）使用设备工具栏切换为移动端预览模式（推荐 iPhone 12 Pro 尺寸）。

（4）截图保存为 jpg/png 格式上传。

1. 提问逻辑

（1）定位：明确生成图片的使用场景（法庭演示、客户沟通、学术研究）。

（2）功能导向：流程图 / 时间轴、营销型（律所宣传图、小红书头图）等。

（3）明确受众：法官（严谨）、客户（通俗易懂）、同行（专业）、自媒体（营销）。

（4）话术参考:（角色）作为商事律师,（场景）需要向客户解释股权质押流程,（法律元素）画面包含《中华人民共和国民法典》第443条要素，画面简单（视觉风格），生成一个html格式的图片（点击运行可直接生成）。

2. 关键词

（1）场景：庭审可视化证据制作、法律知识卡片、律所海报视觉设计。

（2）庭审可视化图片：根据道路交通事故责任认定书进行场景重建，标记车辆行驶轨迹，写实严谨风格，用于庭审展示。

（3）庭审可视化图片：按照以下继承关系，采用思维导图结构，突出法定继承顺序、代位继承份额和比例。

（4）制作海报图片：设计律师事务所直播海报，要素包含天平、法律元素暗纹，增加文字“正义虽迟但到”极简风格。

7.4 营销策略的个性化定制

在人工智能技术深度渗透法律服务领域的当下，DeepSeek智能系统为法律从业者开辟了专业能力提升的新维度。区别于公众用户将AI技术应用于生活场景的常规路径（如理财规划、健康管理），法律职业群体可以利用DeepSeek迅速了解某一个行业，对于尽职调查的非诉律师用处非常大，毕竟行业分析是尽职调查非常重要的一个环节。更值得关注的是，DeepSeek也能更快让你了解营销和策划的基本逻辑，律师作为营销推广的“门外汉”，也可以通过DeepSeek，基于律师专业领域、典型案例及客户画像，实现“营销自己”。

场景 1：利用 DeepSeek 给自己全年工作进行规划，以达到年入百万元的目标

◆ 使用逻辑

（1）明确业务目标

利用 DeepSeek 分析当前律师 / 律所市场定位和竞争力？

如何设定未来 3 年的业务增长目标（客户类型、案件领域、收入结构）？

（2）现状分析与数据整合

如何利用 AI 评估现有客户群体的特征和需求？

如何分析历史案件数据以优化未来资源分配？

（3）市场与竞争洞察

如何通过 DeepSeek 识别潜在的法律服务市场机会（如新兴领域、区域需求）？

如何分析其他律师的业务策略和优势？

如何通过 DeepSeek 分析本地区企业客户的潜在法律需求（如劳动法、合规咨询）？

如何利用 DeepSeek 识别高净值客户的特征和触达渠道？

（4）运营流程优化

合同审查、案件研究如何通过 DeepSeek 自动化提升效率？

如何通过 DeepSeek 优化客户沟通和案件跟进流程？

◆ 提问 AI 的指令

【我是一名刚独立一年的北京女律师，目前为万金油律师，通过什么办法能让我 2025 年创收突破 100 万元，计划具体到每个月我应该做什么】

关键词

（1）基本信息：律师、年轻律师、独立律师、业务方向（万金油、专业化）。

（2）营销关键词：市场定位、客户画像、案源拓展、案件类型分析、个人收入结构优化。

（3）市场关键词：区域市场需求、新兴法律领域（如数据合规、人工智能）、资源分配、成本效益分析。

（4）律师业务：客户回访、二次转化、法律体检、产品手册。

（5）精准输出：可行性方案、具体方案、精确到每个月。

DeepSeek 生成实例

为帮助你在2025年实现创收突破100万元的目标，我结合律师行业特点和北京市场环境，制定以下分阶段计划。计划分为专业化定位、客户拓展、品牌建设、收入升级四个阶段，按月细化行动步骤，同时兼顾可行性。

阶段一：专业化定位与资源梳理（2024年剩余月份）

核心目标：明确1～2个高价值专业方向，梳理现有资源，搭建系统化运营框架。

2024年7月：市场调研与自我诊断

行业分析：筛选北京市场需求大、竞争相对缓和的领域（如知识产权、企业合规、股权纠纷、涉外婚姻/继承、数据合规）。

自我评估：统计过去一年案件类型、收入占比、客户来源，找出优势领域和潜在高价值方向。

对标案例：研究北京创收百万+律师的成长路径（如律所官网、行业论坛、社交媒体）。

2024 年 8 月：确定专业标签

选择 1 个主攻领域 +1 个辅助领域（如主攻企业法律顾问 + 辅助婚姻家事）。

注册垂类社交媒体账号（如微信视频号 / 抖音：定位“企业法律顾问避坑指南”）。

制订学习计划：报名行业认证课程（如公司合规师、婚姻家庭咨询师），加入专业社群。

2024 年 9 月：资源整合与工具搭建

客户管理系统：搭建 Excel 或轻量级 CRM（记录客户生日、案件节点、定期回访计划）。

模板库优化：整理常用文书模板（合同审查清单、案件进度表），提升办案效率。

合作网络：联系 3～5 家会计师事务所、咨询公司，建立异业合作（互相推荐客户）。

阶段二：精准获客与品牌冷启动（2025 年 1～6 月）

核心目标：通过内容营销和精准活动，实现每月新增 3～5 个有效案源。

2025 年 1 月：内容体系搭建

每周发布 2 篇专业文章（知乎 / 公众号：标题如《北京中小企业必知的 5 个劳动法雷区》）。

制作 10 条短视频素材（分镜头脚本预设：1 分钟讲透一个法律问题）。

设计免费福利：发布《企业用工风险自测表》《离婚财产分割指南》等引流资料。

2025 年 2 月：线下场景突破

企业端：参加工商联 / 商会活动（主动申请做 15 分钟《2024 企业合规新政解读》）。

个人端：联系社区居委会，开展公益普法讲座（留存参与者微信，后续转化）。

行业端：在威科先行 / 无讼平台发布 3 篇专业文章，增加行业曝光。

2025 年 3 月：私域流量运营

组建微信社群（如“北京企业主法律交流群”），每周分享热点案例。

启动月度直播（视频号：每期聚焦一个主题，如“股权代持的实战避坑指南”）。

老客户激活：对过去客户进行满意度回访，推荐年度法律顾问服务。

2025 年 4 ~ 6 月：规模化复制

企业客户：针对科技园 / 文创园开展“法律体检”活动（免费基础审查 + 深度服务转化）。

个人客户：与高端婚介所、留学机构合作，设计分成方案。

数据复盘：统计各渠道转化率，优化投入重点（如线下活动转化率＞ 30% 则加大频次）。

阶段三：客单价升级与模式转型（2025 年 7 ~ 12 月）

核心目标：将单案收入从 1 万~ 3 万元提升至 5 万元 +，降低低价值案件占比。

2025 年 7 月：产品化服务

推出标准化产品包：如《中小企业年度法律顾问套餐》（含合同审查 10 份 / 季度培训 1 次）。

定价策略：基础版（2 万元 / 年）、升级版（5 万元 / 年含专项尽调）。

合作分润：与代账公司约定，每推荐签约支付 20% 佣金。

2025 年 8 月：高净值客户挖掘

参与私人银行活动：联系银行，申请成为特邀法律专家。

涉外业务布局：联系国际学校家长群，开展跨境继承 / 婚姻专题沙龙。

客户分层管理：设立 VIP 客户快速响应通道（24 小时内必回复）。

2025 年 9～12 月：收入结构优化

减少低单价诉讼案件：将标的小于 5 万元的案件转介给合作律师（收取 20% 介绍费）。

重点攻坚非诉业务：参与企业融资、股权设计项目（单案收费 8 万～15 万元）。

启动团队协作：招聘 1 名实习律师处理基础工作，释放自身时间谈案。

关键执行策略

二八法则：每天上午 10～12 点专注谈案（避免琐碎事务干扰黄金时间）。

杠杆借力：与法律科技平台（如法天使、签盾）合作，用工具提升服务溢价。

风险管控：预留 3～6 个月生活备用金，避免因案源波动影响决策。

预期里程碑

2025 年 6 月：实现月均创收 6 万元 +（主要来自企业客户）

2025 年 9 月：签约首个 10 万元 + 年度顾问单位

2025 年 12 月：年度总创收突破 100 万元（非诉业务占比超 60%）

注意事项：每月底用 1 小时复盘关键数据（新增客户数、客单价、渠道转化率），动态调整策略。专业化转型初期可能有 3～6 个月收入阵痛期，需坚持长期主义。

通过上述计划，你将从“万金油律师”逐步转型为“细分领域专家”，利用北京的市场红利实现收入跃迁。关键点在于：用专业化支撑溢价，用产品化提高转化效率，用差异化内容建立竞争壁垒。

◆ 警惕方向

1. DeepSeek 律师营销方案落地性比较差，但确实有些营销角度能给律师拓展一些观点。

2. 利用 DeepSeek 做出针对自己的营销方案，可以尽量以年度方案为关键词，在对话中以月度方案向 DeepSeek 进行提问，例如作出 2025 年度方案后，再次对具体某个月份的方案进行追问。

场景 2：利用 DeepSeek 针对律师实际情况定制不同平台的自媒体运营方案

◆ 使用逻辑

5W2H 模型分析法，可以通过回答七个基本问题来全面分析问题的方法，What（什么）、Why（为什么）、Who（谁）、When（何时）、Where（何地）、How（如何）、How much（多少）。

（1）目标定位：谁，由谁来做（Why/Who）

明确痛点：如何精准定位法律垂直类受众？

本地离婚案件咨询量激增趋势，确定内容方向？

哪些婚姻法关键词在 35 岁女性用户群体搜索量最高？

（2）明确内容：为什么要做，可不可以不做，有没有替代方案（What）

热点结合：民法典修订后的继承法条款解读。

场景化内容：婚前财产协议签署的 5 大避坑指南。

数据驱动：劳动仲裁案例库高频争议点分析。

（3）技术赋能：怎么做，如何提高效率，如何实施，方法是什么（How）

文书自动化：起诉状模板智能生成系统。

内容再生产：直播逐字稿转短视频分镜脚本。

语义分析：评论区情绪识别与危机预警。

（4）运营优化：何处，在哪里做（When+Where）

优化排期：劳动争议内容在招聘季的内容排期策略、交通事故法律科普在节假日前的内容预热。

（5）合规风控：多少，做到什么程度，数量如何，质量水平如何，费用产出如何（How Much）

审核机制：广告法敏感词实时过滤系统、咨询中的隐私数据自动脱敏。

结合 5W 提问逻辑可以这样问："我的账号是个人刑事辩护律师 IP（类型），目标通过抖音 / 视频号获取北京市经济犯罪案件委托（目标），现有 2 人兼职团队可支撑每周 2 条短视频 +1 场直播（资源），希望打造情感 + 普法视频的差异化形象（定位），当前内容完播率仅 25%（痛点），如何优化内容结构和投放策略？"

◆ 提问 AI 的指令

【我是一名自媒体小白律师，打算在小红书上从零开始运营律师账号，如何启动账号并达到每月 2～3 个有效咨询，尽量每个月保证有一个案源转化，账号的定位是什么】

关键词

（1）平台定位：短视频平台、图文平台、抖音私域引流、知乎公众号长尾流量、小红书爆款复制。

（2）品牌塑造：硬核普法、情景剧场、深度访谈、热点解读。

（3）个人定位：知识产权、刑事辩护、涉外法律、细分赛道。

（4）硬件条件：团队规模、单人运营、外包、日更、周更。

（5）目标受众画像：C 端用户（个人）、B 端客户（企业）、初创企业家、法律学生。

DeepSeek 生成实例

在小红书运营律师账号，实现每月 2～3 个有效咨询和 1 个案源转化的目标，需精准定位 + 高价值内容 + 有效运营策略。以下是具体方案。

一、账号定位核心逻辑

1. 用户群体精准筛选

小红书以 18～35 岁女性为主（占比 70%+），优先选择与用户强关联的领域：

☑ 婚姻家事（离婚财产 / 抚养权 / 婚前协议）

☑ 劳动纠纷（裁员赔偿 / 试用期陷阱 / 加班费）

☑ 消费维权（网购 / 美容院 / 培训机构退款）

☑ 女性财产保护（继承 / 房产加名 / 彩礼纠纷）

（注：避免刑事、公司法等低频需求领域）

2. 人设差异化设计：新手律师友好型定位模板

▸ 法律闺蜜型：用聊天截图 + 表情包解答粉丝私信问题，标题如《闺蜜被裁员，我教她多拿了 3 倍赔偿》

▸ 避坑侦探型：结合社会热点拆解法律陷阱，如《看完〈三十而已〉教你签婚内财产协议》

▸ 成长型律师：记录从实习律师到独立执业的历程，强化真实感（如《独立接第一个案子，收咨询费时手抖了》）

二、内容爆款公式（附案例）

▶ 流量密码组合：痛点关键词 + 视觉冲击 + 解决方案钩子

1. 必火选题库

类　型	案例标题	关键设计
反常识科普	《公司说试用期不交社保？恭喜你能拿双倍工资》	颠覆认知 + 利益诱导
场景化教学	《美容院拒绝退款？记住这 3 句话当场退钱》	具体话术 + 步骤拆解
热点借势	《李佳琦直播间翻车，遇到虚假宣传这样取证》	热点关联 + 操作指南
情感共鸣	《收到老公送的假包，法律上竟算重大过错？》	故事化 + 法律知识点

2. 内容结构模板

▶ 开头 3 秒留人：手机备忘录打字特效 + 警报音效 + 文字“千万别签自愿离职协议！”

▶ 中间干货：流程图展示劳动仲裁步骤，用便利贴标注关键证据（工资条 / 打卡记录）

▶ 结尾转化：“如果你正在经历……点击右下角「立即咨询」获取《劳动仲裁取证清单》”

三、冷启动关键动作

1. 流量引爆节点

☑ 每日 7:00 ~ 9:00/19:00 ~ 22:00 发布（通勤 + 睡前高峰期）

☑ 新号前 5 篇笔记需人工助推：发布后 1 小时内让 3 ~ 5 人搜索关键词点赞收藏，触发算法推荐

2. 低成本获客设计

▶ 主页留资：背景图放二维码（用 Canva 设计“扫码领《离婚财产分割清单》”）

▶ 评论区话术：回复法律问题后追加“具体情况不同处理方案，需要定制建议可私信□”

▶ 私信自动回复：设置“您好，咨询请说明：①城市 ②纠纷类型 ③目前进展（如已起诉）”

四、案源转化链路优化

▶ 咨询筛选漏斗

私信初步沟通 → 免费 15 分钟电话诊断 → 发送《委托代理方案》PDF → 3 日内跟进

□ 关键细节：

首次电话重点展示专业度（快速指出对方没意识到的法律点）

方案文件需包含：类案胜诉率数据 + 服务流程图 + 分阶段报价

小红书客户普遍预算敏感，可推出“文书代写”“律师函警告”等轻量付费产品作为转化过渡

五、数据监测与调整

1. 核心指标看板

阶 段	关键指标	达标值
启动期（1～2 月）	单篇笔记小眼睛 > 500	日增粉 5～10
成长期（3～6 月）	爆文率（赞藏 > 1000）达 10%	咨询转化率 15%

2. 及时止损信号

▶ 连续 5 篇笔记阅读 < 200 → 检查是否被限流（查发布内容是否含敏感词）

▶ 咨询多但不成案 → 优化报价策略或增加免费增值服务（如附赠《庭审话术模板》）

六、合规红线（律师执业特别注意事项）

不得承诺案件结果，所有胜诉案例须注明“个案效果不可复制”

避免使用“最专业”“第一”等绝对化表述

咨询需引导至线下律所签约，不可在小红书直接交易

执行要点：首月集中测试 3～4 个选题方向，快速迭代数据表现最佳的领域。坚持日更 15 天后可降低至每周 3～4 更，重点维护爆文评论区。按此模型，通常 3 个月左右可实现稳定案源转化。

尾声：写给未来大律师

——用好人工智能工具，让我们在法律职业道路上走得更远

法律是人类最伟大的发明。正如美国当代著名法学家 E. 博登海默所解释的：“别的发明使人类学会了驾驭自然，而法律让人类学会了如何驾驭自己。”美国联邦最高法院大法官霍姆斯曾言：“法律的生命不在于逻辑，而在于经验。”这种经验既包含对法条的精准把握，更涵盖对人性幽微的深刻洞察。法律职业不仅是法律人赚钱谋生的手艺，更是追求公平正义的事业，值得我们面对挑战，为之求索奋斗。

法律职业正在淘汰那些“不爱学习”的人

从法律咨询到合同审查，人工智能工具为民众提供了更加便捷的法律服务。这让法律职业更加透明，更难“浑水摸鱼”。一些简单的咨询业务，可能会被人工智能工具取代。一些不专业的律师可能会被人工智能工具“打假”。因此，只有真正专业的法律人才能得到认可。这也是科学进步发展的大势所趋。从某种意义上来说，法律职业和人工智能工具的价值追求是一致的，都是为了服务人类更好的生活。同时，让专业的人做专业的事，淘汰“滥竽充数”的南郭先生们，避免劣币驱逐良币，也更有利于法律职业健康发展。

工具不是万能的，人类的案子最终还是需要人类来办理

冰冷的代码永远算不清人间冷暖，那些藏在生活琐事里的真情实意，终究要靠法律人去丈量。分享一个笔者近期代理的继承案件。一天深夜，案子当事人微信发来一份 AI 分析报告。报告分析得出的结论与谈案时预计的份额有很大差距。虽然谈案的时候没有给出明确的承诺，但是这份 AI 分析报告引起了当事人对笔者作为律师专业性的质疑。经过和当事人再次沟通以及梳理事实后发现，当事人投喂案件事实以及 AI 分析时均遗漏了案件关键事实。笔者指导当事人详细整理了照顾被继承人多年的医疗票据、病历、手写叮嘱老人按时服药的备忘贴……这些一点一滴的证据，不仅从法律层面证实了当事人继承份额的事实，也让法庭从情感上感受到当事人的付出。任何一款工具不是万能的，人类的案子最终还是需要人类来办理。

用好人工智能工具，让我们在法律职业道路上走得更远

随着技术的进步，人工智能工具的功能会更加强大。科技进步的趋势不可阻挡，是面临淘汰被迫转行，还是在法律职业道路上走得更高更远？关键在于我们自己。在于我们是否能够保持对新生事物的新鲜感、危机感，不断去学习、去利用新的工具。希望本书能够为诸位读者在这方面提供一些帮助。

行文至此，已是本书的尾声。在此表达笔者的谢意。感谢我的家人，他们在背后默默承担了很多家庭琐事，让我有更多精力同时兼顾办案和写作。感谢我本书的合作伙伴朱帅律师，我们分工协作完成了本书，我承担了本书第四章、第六章、第七章的写作，也因为他的“卷”让我每每想放弃本书撰写的时候，看见他又交稿了。感谢法律出版社编辑们，是她的辛勤付出让本书得以很快出版。最后，感谢我的微博粉丝朋友们，你们的支持和鼓励，我十分珍视。